OSKAR WERNER

J&V

Attila E. Láng

OSKAR WERNER

Eine Spurensicherung

Jugend und Volk Wien München

ISBN 3-224-16037-3 Jugend und Volk Wien
Umschlag: Ernst Kalt und Helga Rausch
(Foto: Oskar Werner als Hamlet)
© Copyright 1984 by Jugend und Volk Verlagsgesellschaft m.b.H.
Wien — München
Alle Rechte vorbehalten. 5156-84/1
Druck: Wiener Verlag

INHALT

> „*Und wie ein Schiff, vom Hauch des Winds entführt,*
> *Die muntre Hafenstadt versinken sieht,*
> *So geht mir dämmernd alles Leben unter:*
> *Jetzt unterscheid' ich Farben noch und Formen,*
> *Und jetzt liegt Nebel alles unter mir.*"
>
> Kleist: Prinz Friedrich von Homburg, 5., 10.

FINALE IN KREMS

Es ist Sonntag, der 7. August 1983.

Am Podium des wappengeschmückten großen Brauhofsaales in Krems steht ein abgemagerter, älterer Mann, im spitzengeschmückten Kostüm, und deklamiert mit müder Stimme einen klassisch anmutenden Text. Seine Bewegungen sind fahrig, sein Gang ist ungelenk, fast schwankend. Um ihn herum: einige Damen und Herren, ebenfalls kostümiert, vor ihm — wie es sich geziemt, verborgen — die Souffleuse, deren vergebliche Anstrengung, ihrem Geschäft nachzugehen, bis zur letzten Reihe des nahezu voll besetzten Saales wahrnehmbar ist. Es findet allem Anschein nach eine Theatervorstellung statt. Und wären die Eintrittskarten nicht so teuer, könnte ein zufällig vorbeigekommener Besucher, der unbelastet und nichtsahnend seinen Platz einnimmt, gar glauben, er sehe eine mäßig gelungene Parodie auf eine Burgtheatervorstellung längst vergangener Tage. Nur die Stimme des älteren Mannes im spitzengeschmückten Kostüm, seine Stimme würde diesen — nur theoretisch vorhandenen — Durchschnittsbesucher von Mal zu Mal aufhorchen lassen. Ein „ferner Klang" eines einst so sinnlichen Timbres wird für Sekundenbruchteile hörbar. Einigen eigenartig-melodiösen Vokalen gelingt es, das Dickicht der Artikulationsschwierigkeiten zu durchbrechen.

Es sitzt aber niemand zufällig im Saal. Alle, die die knarrenden Reihen besetzen, wissen nur zu genau, warum sie gekommen sind. Oder — sie glauben es zu wissen. Was auch immer jeden einzelnen Zuschauer dazu bewogen hat, sich an diesem Sonntagabend im Brauhofsaal in Krems in Niederösterreich einzufinden, eines konnten sie alle bestenfalls nur ahnen: Der ältere Mann im spitzengeschmückten Kostüm auf der primitiven Behelfsbühne vor ihnen, der gerade einen aussichtslosen Kampf führt, einen längeren Monolog von sich zu geben, dieser Mann ist am Sterben. Und um Mitternacht, als das traurige Spektakel zu Ende geht und man ihm Blumensträuße entgegenreicht — als ob tatsächlich eine Theatervorstellung stattgefunden hätte —, ist der Mann auch endgültig tot. Nicht physisch: sein Körper wird ihn noch um vierzehn Monate überleben. Aber sein Geist ist gestorben und mit ihm eine Legende. Oskar Werner hat sich selbst hingerichtet.

Hinrichtungen fanden vor nicht allzu langer Zeit noch öffentlich statt, von der jeweils herrschenden Klasse in doppelter Absicht minuziös inszeniert. Erstens sollte das abschreckende Beispiel des sanktionierten gewaltsamen Todes von Deliktwiederholungen abhalten, zweitens waren dem zuschauenden Volke das Spektakelhafte an der Handlung und die blutige Pointe eine willkommene Abwechslung in der Monotonie des täglichen, meist freudlosen Lebens.

Zu dem öffentlichen Selbstmord von Oskar Werner in Krems kamen aber andere Leute, der sogenannte kleine Mann von der Straße bekam ja die trostlose Geschichte ohnehin von den Massenmedien prompt und detailreich serviert. Nein, im Brauhofsaal saßen prominente Kollegen, Freunde, Kulturfunktionäre und Künstler. Waren es wirklich lauter „sensationshechelnde Voyeure", wie eine Wiener Tageszeitung es vermutete?[1] Und wenn ja, wie konnte es zu diesem tragischen Abgang kommen? Gab es niemanden, der dem Künstler und Menschen Oskar Werner im letzten Moment noch die Hand entgegen gereicht hätte, um ihn zu retten? Oder aber: Brauchte er überhaupt Hilfe? War dieses suizidale Ende nicht schon vorprogrammiert in den alkoholgeschwächten Gehirnzellen? War es nicht die allerletzte Wahrheit — ähnlich der des Matadors in der Arena — eines manisch Wahrheitssuchenden aus einer anderen, mit Idealen geschmückten Welt?

Lauter Fragen, die auf Antwort harren. Die äußeren Umstände, die erzählbare Geschichte können nur als Beweisstücke, der Tatort kann nur als solcher gelten. Dieses festzuhalten ist trotzdem notwendig: *Spurensicherung* geht einem allfälligen Beweisverfahren immer voran.

Zu den grundlegenden Charaktereigenschaften Oskar Werners gehörte sein Streben nach größtmöglicher Unabhängigkeit. Wie aber kann ein Schauspieler, ein darstellender Künstler, der, um eben darstellen zu können, eine ganze Menge Voraussetzungen braucht, unabhängig sein? An jedem mittleren Theater des deutschen Sprachraums arbeiten mindestens hundertfünfzig bis zweihundert Leute verschiedenster Berufe Tag für Tag, Abend für Abend, damit der Vorhang hochgehen kann. Wenn jemand in einem solchen — oft aufgeblähten — Apparat seine Unabhängigkeit bewahren will, hat er nur einige wenige Möglichkeiten, dies zu tun. Die erste und zugleich angenehmste (jedenfalls für den laienhaften Beobachter) ist, Intendant, Theaterdirektor zu werden. Es gibt — und gab — viele schauspielernde Theaterleiter, die für ihre, durch die Managementbelastung eher raren Auftritte selbstverständlich optimale Voraussetzungen schaffen können, sei es durch die Stückauswahl, die übrige Besetzung oder auch die Abendgage. Der zweite Weg ist weitaus mühsamer und geradezu dornenvoll: sich den Theatern zu versagen. Keiner echten oder nur eingebildeten Intendantenwillkür, keiner Kollegenintrige ausgeliefert sein, da man an keinem Theater spielt, wo auch andere engagiert sind. Also ein Einmanntheater als Ausweg, als Flucht nach vorne: praktiziert seit Jahrzehnten vom Wiener Schauspieler Herbert Lederer. Eine Abwandlung dieser Haltung sind Leseabende. Sie hat — wie später zu berichten sein wird — auch Oskar Werner mit zunehmendem Alter immer häufiger als Alternative zum Ensembletheater gewählt. Er hat aber noch eine dritte Möglichkeit gefunden, sich selbst zu verwirklichen. Und hat sie trotz immer wiederkehrender Rückschläge und finanzieller Verluste mit einer an Manie grenzenden Beharrlichkeit periodisch aufleben lassen: die Idee eines Privatfestivals.

Nun, die Idee an sich war ja sicherlich gut oder hat auf alle Fälle gut geklungen: Die größte Schauspielerpersönlichkeit, die das Burgtheater seit dem Zweiten Weltkrieg hervorgebracht hat, einer der ganz wenigen österreichischen Filmstars, der diesem oft gebrauchten und mißbrauchten Wort gerecht werden konnte und wirklich weltweit bekannt war, gründet an einem geographisch-landschaftlich günstig gelegenen Ort ein Schauspielfestival. Sein Name soll für Publicity sorgen, sein mit berühmten Filmen mühsamst verdientes Geld jede Subvention — und damit wieder eine eventuelle Einengung der künstlerischen Freiheit — überflüssig machen. Ein Oskar-Werner-Festival, wo keiner dreinreden kann: er selbst ist ja Prinzipal, Regisseur und Hauptdarsteller in einer Person.

Nach mehreren — später zu beschreibenden — Versuchen taucht im Frühling 1983 plötzlich in der österreichischen Tagespresse die Ankündigung auf, Oskar Werner plane in der Wachau, der berühmten Weingegend Österreichs, ein Festival: mit der Schallaburg als Zentrum und Festspielhaus. So „brandaktuell"[2] die Meldung für Kulturredakteure auch gewesen sein mag, Werner mußte sich sicherlich schon länger mit der Idee beschäftigt haben. Freunde berichten, daß er zur Wachau schon seit seiner frühesten Jugend ein überaus inniges Verhältnis hatte. Das typische Großstadtkind, aus einem sogenannten

Vorstadtbezirk Wiens gebürtig, hatte die Ferien regelmäßig in Schönbühel bei der Großmutter verbracht. Und man kann getrost annehmen, daß dem musisch begabten, feinnervigen und sensiblen Jungen die Begegnung mit dem Dorf, mit der Ursprünglichkeit der sich ihm offenbarenden Natur zum Schlüsselerlebnis geworden war.

1983, einige Monate nach seinem 60. Geburtstag, sollte sich der Kreis schließen: eine rousseauistische Flucht in die bukolische Kindheit?

Geplant war alles großzügig. Zu großzügig, meinte man nachher, nach dem erlebten Ende. „Es wäre gegangen", meint Ewald Mayr, Oskar Werners letzter „Privatsekretär" und neben dem gesundheitlich angeschlagenen Prinzipal der alleinige Organisator des Wachau-Debakels. Er gibt — auch im nachhinein — allen anderen die Schuld, den Behörden, den Journalisten, dem Publikum.[3]

Zahlen erweisen sich, wenigstens im täglichen Gebrauch, als verläßliche, objektive Gehilfen, wenn es darum geht, scheinbar komplizierte Vorgänge zu durchleuchten. Nun, die Wachauer Festspiele hätten zweiunddreißig Tage dauern sollen, vom 31. Juli bis zum 31. August. Für diese Zeitspanne waren 35 Veranstaltungen geplant. Nur drei Tage wären spielfrei gewesen. Sechsundzwanzigmal wollte Oskar Werner auftreten, davon hätte er dreimal Dichterlesungen gehalten. Mit einer *Hommage à Werner Krauß* sollte das Festival eröffnet werden, an den restlichen 22 Abenden wäre Werner in zwei Rollen zu sehen gewesen: als Tasso und als Prinz von Homburg. Die übrigen neun Veranstaltungen hätten andere — ebenfalls sehr prominente — Künstler bestritten, alle ehemals gute Freunde: Elfriede Ott, Maria Schell, Alfred Böhm, Richard Eybner und Jörg Demus. Neun Spielstätten waren vorgesehen, getreu dem Festivalgedanken verstreut über die ganze Wachau: Theater, Musik und Wort sollten verbinden, einander näherbringen, kommunikativ wirken.

Bürgermeister von kleineren Gemeinden, die, mit den Wählerstimmen liebäugelnd, oft an Profilierungssucht leiden, sind keine Theaterfachleute, müssen nichts von Organisation und Leitung kultureller Festveranstaltungen verstehen. So konnte der Gemeindevorsteher von Weißenkirchen auch offen zugeben, daß ihm die geplanten elf Vorstellungen von Kleists *Prinz von Homburg* im „Teisenhofer-Hof" als „Kulturbeitrag" höchst willkommen seien, schon aus „Werbegründen". Der Direktor der Schallaburg, wo man Goethes *Torquato Tasso* ebenfalls elfmal präsentieren wollte, konnte wenigstens auf eine bereits erprobte „Veranstaltungsstruktur" hinweisen.[4]

Der Brauhofsaal in Krems war zunächst nur als Regenquartier vorgesehen. Er wurde dann, wie man heute weiß, zur letzten Fluchtstätte.

Wenn schon branchenfremde Provinzbeamte an der Idee dieses „respektablen" Festivals festhalten wollten, warum meldete sich niemand zu Wort im nahen Wien? Saßen tatsächlich alle Kulturschaffenden in einer Loge eines Großtheaters, auf die Szene Wachau hinunterblickend und auf die voraussehbare Pointe wartend? Manche taten es sicherlich. Auch einige Journalisten fanden es notwendig, sich über den kranken, früh gealterten Mann lustig zu machen („Oskar, der Ankündiger"). Den anderen waren die Hände gebunden. Denn Werner ließ sich nichts sagen. Er war in den letzten Jahren noch eigensinniger geworden, lebte noch exzessiver, glaubte noch mehr an seine Sendung als je zuvor.

Jahrzehntelang gab es fast keinen, noch so kleinen Zeitungsartikel über ihn, in dem er nicht mit geradezu beschränkter Monotonie als „Schwieriger" apostrophiert worden wäre. Und Werner wurde nicht müde, immer wieder die gleiche Antwort zu geben: „Wenn Sie schon bei Hofmannsthal bleiben wollen, dann nehmen wir lieber den ‚Unbestechlichen'." Was einst gewiß eine schlagfertige Pointe war, erstarrte mit der Zeit zur Pose. In seinen letzten Jahren muß er tatsächlich schwierig gewesen sein. Letzte Freunde, neue und neueste Weggefährten berichten über einen despotischen Oskar Werner, der in Zweisamkeit oder in Gesellschaft keine Widerrede, keine Unterbrechung, ja keine überflüssigen Bewegungen gestattete, wenn er sprach. Und er sprach leidenschaftlich und permanent, Tag für Tag, bis in die Nacht hinein. Diejenigen, die physisch mithalten konnten, ihren Schlaf opferten, sich wüst beschimpfen ließen, hörten ihm zu aus Faszination, aus Liebe. Aber der faszinierende, blitzgescheite, schlagfertige Oskar Werner, der Schopenhauer frei zitieren konnte und selbstverständlich Shakespeare, Schiller und Goethe, der Romantiker und von seinem Beruf Besessene, dieser Oskar Werner war in den letzten Jahren immer seltener geworden. Nur mehr ein Aufflackern des Genialischen war geblieben.

Es hieß immer wieder diskret, Werner sei krank. Zur Zeit des Wachauer Festivals war er es gewiß: Er trank. Wahrscheinlich war er dem Alkohol schon seit langem verfallen; gute Freunde, Kollegen aus früheren, besseren Zeiten sind nicht bereit — oder noch nicht bereit —, darüber Auskunft zu geben. Als Elisabeth Orth am Tage seines Todes zu einer Stellungnahme aufgefordert wurde, bat sie um ein „großes, zärtliches Schweigen". Tatsache ist, daß Werner 1971, während eines langen Interviews mit dem Bayerischen Fernsehen, vor aller Welt offen gezeigt hat, wieviel er an Wein vertrug. Und der Kameramann war bei jedem Neueinschenken und bei jedem raschen Schluck eifrig zur Stelle. Nur — Alkoholismus kann unter Umständen bei Künstlern produktiv wirken. Werners großes Vorbild, Werner Krauß, konnte Wein als Spielhilfe nützen. Oskar Werner möglicherweise jahrzehntelang auch. Am Ende aber war er zum destruktiven Trinker geworden.[5] Selbstzerstörerisch und erbarmungslos gegen sich selbst.

Wer also hätte auf ihn einwirken, ihn warnen, ihm die Festival-Idee ausreden können?

Werners Ziel schien, wiederum mit Zahlen belegt, klar zu sein: Am Zenit seiner Karriere, als er im wiedereröffneten Burgtheater die Titelrolle in *Don Carlos* verkörperte und zu einer geradezu beispiellosen Legende wurde, spielte er diesen gewiß nicht einfachen Part zweiundzwanzigmal innerhalb von vierzig Tagen! Vielleicht wollte er mit einer letzten Anstrengung diesem einstigen Rekord nacheifern, ja ihn sogar übertreffen? Diesmal sollten es ja zwei Rollen sein. Ist es ein Zufall, daß er wiederum genau 22 Abende spielen wollte?

Neben sicherlich erfolgten (und nicht beherzigten) privaten Warnungen erhob auch mancher Journalist öffentlich seine mahnende Stimme. Eine Woche vor der geplanten Eröffnungspremiere in der Schallaburg las man schon manchen Zeitungsbericht über nicht stattgefundene Proben und nicht bestellte Zimmer für die Schauspieler. Als der angebliche Ausspruch eines sehr bonmotträchtigen führenden Kulturmannes über die „Dürnsteiner Flohhaxn" (so der Name eines berühmten Weines aus der Wachau), mit denen Werner von Spielort zu Spielort hüpfen würde, kolportiert wurde, meldete sich Franz Endler am 23. Juli 1983 in der Wiener „Presse" mit einem Leitartikel auf der Kulturseite zu Wort: Wer weiterhin die nahende Katastrophe verschweigt, der „darf sich nicht mehr guten Gewissens als Verehrer oder Freund des bedeutenden Schauspielers bezeichnen". Und Endler beschwor geradezu alle Zuständigen: „...das Fest ... soll aus irgendwelchen Gründen, Erkrankungen oder organisatorischen Schwierigkeiten, im letzten Moment abgesagt werden. Es soll nicht stattfinden."

Aber die Wachauer Funktionäre wollten nicht auf ihr Festival verzichten, und Oskar Werner selbst las, wie er immer wieder versicherte, keine Zeitungen.

Der Rest folgte Schlag auf Schlag. Die Eröffnungsveranstaltung *Hommage à Werner Krauß* entartete zu einem „anderthalbstündigen Abspielen von Krauß- und Oskar-Werner-Platten über eine erbarmungswürdige Lautsprecheranlage"[6], und *Tasso* mußte am nächsten Tag abgesagt werden. Werner las als Ersatz Gedichte gegen den Krieg, Rilke und Weinheber vor zwanzig Zuhörern. Noch einmal wollte jemand öffentlich warnen: diesmal Sigrid Löffler vom Nachrichtenmagazin

„profil". Sie war bei der Lesung zugegen gewesen. Sie berichtete zunächst sehr realistisch über einen Oskar Werner, der „flennt, bramarbasiert und säuft", um dann das Dramatische ihrer Schilderung für den guten Zweck nützen zu können: „Der österreichische Genie-Kult ist ein Menschenverschlinger- und daher Menschenverächterkult. Die Nahrung muß ihm sofort verweigert werden ... Der Mensch Oskar Werner hat ein Recht darauf, vor der letzten Selbstzerstörung bewahrt zu werden." (Nr. 32/1983)

Das Geschehen um Werner in der Wachau folgte aber längst schon seinen Eigengesetzlichkeiten. Dem Prinzen von Homburg gleich, der zur Selbsthinrichtung entschlossen ist, ging Werner mit seiner kleinen Truppe dem letzten Akt im Brauhofsaal in Krems entgegen.

Über diese bedauernswerte Vorstellung voller Pannen und tragikomischer Einlagen erschienen in den meisten Wiener Tageszeitungen Kritiken. Rezensionen zu schreiben ist für ernstzunehmende Journalisten nicht immer angenehm, aber die Leserschaft soll informiert werden. Sie hat ein Recht darauf, die Wahrheit oder wenigstens einen Teil der Wahrheit zu erfahren. So beschränkten sich einige Kritiker auf die minuziöse Beschreibung des Vorgefallenen, andere wiederum ergriffen Partei, je nach persönlichem Stil und Stilgefühl.

Vierzehn Monate später, am 23. Oktober 1984, als Oskar Werners physisch und psychisch geschundener Körper auf dem Weg zu einer Lesung bei Marburg in der Bundesrepublik den Widerstand aufgab, konnten dieselben Kritiker schon viel objektiver an das Verfassen ihrer Nachrufe herangehen. Das Wachau-Festival war keine Tagessensation mehr, sondern nur ein winziger Teil aus dem Leben eines großen Mannes.

Dieses Leben nachzuempfinden soll die Aufgabe der folgenden Kapitel sein.

1   „Finale in Krems“: *Der Prinz von Homburg,* 1983

2, 3, 4, 5 Lehrjahre am Burgtheater: Knechtl (*Erde*, 1943), Florindo
(*Die Zwillinge aus Venedig*, 1943), Michael (*Die andere Mutter*, 1945),
Spielansager (*Jedermann*, 1945)

6 Als Repräsentant der betrogenen deutschen Jugend:
Fliegerleutnant Hartmann in *Des Teufels General*, 1948

:::::DER ENGEL::::::::::
MIT DER POSAUNE
defa-film

7 Die erste größere Filmrolle, mit Paula Wessely und Hans Holt, 1948
8 Als Beethovens Neffe in *Eroica* (mit Dagny Servaes), 1949

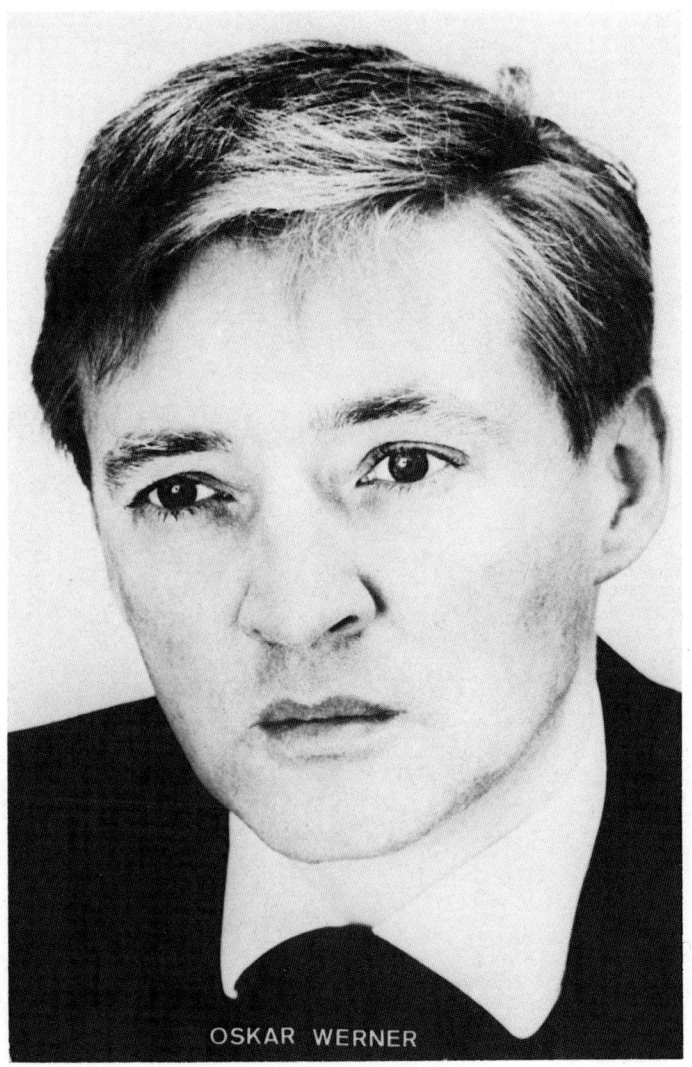

9 Die offizielle Bild-Postkarte aus dem Nostalgie-Kino

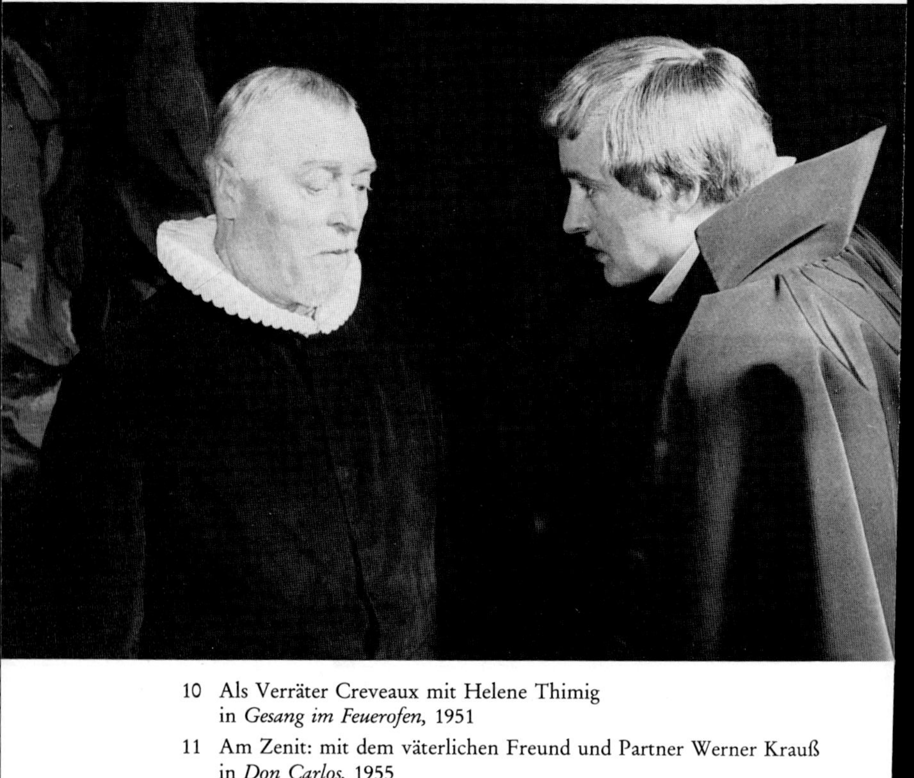

10 Als Verräter Creveaux mit Helene Thimig
    in *Gesang im Feuerofen*, 1951
11 Am Zenit: mit dem väterlichen Freund und Partner Werner Krauß
    in *Don Carlos*, 1955

12 „Der Schmelz der Jugend" des Prinzen Carlos

13 Große Leidenschaft für die Elisabeth der Hilde Mikulicz *(Don Carlos)*

„Nur die Kinder wissen, wohin sie wollen ..."
Antoine de Saint-Exupéry: Der kleine Prinz

WO BRENNT'S?

In den vielen Interviews, die Oskar Werner in den letzten Jahrzehnten gegeben hatte, sprach er äußerst selten über sein privates Leben. „Die Schauspielkunst ist eine Kunstgattung und keine Striptease-Gattung", betonte er immer wieder und war nur bereit, über jenen Bereich seines Daseins zu berichten, der mit seinem Beruf — den er immer nur als Berufung akzeptierte — in irgendeiner Beziehung stand. „Ich habe lieber mit dem Hamlet Schlagzeilen gemacht als mit meinen Amouren", erklärte er 1981.[7] Über seine früheste Jugend hat Werner — zumindest in der Öffentlichkeit — auch nur dann gesprochen, wenn es mit dem Theater zusammenhing.

Oskar Werner stammte — wie die, die sich in Wien zum Mittelstand rechnen, mit einem leichten Bedauern in der Stimme zu sagen pflegen — „aus einfachen Verhältnissen". Er wurde am 13. November 1922 in Wien mit dem bürgerlichen Namen Oskar Josef Bschließmayer geboren. Der Vater war Versicherungsvertreter, die Mutter — die nach einer frühen Scheidung (Werner war im Volksschulalter) selbst für sich und ihren Sohn aufkommen mußte — arbeitete in einer Fabrik. Werner war ein „Zerrissener" zwischen dem Elternhaus, das keines war, in der Marchettigasse im 6. Wiener Bezirk, und einem Gemeindebau in der Brandmeyergasse im 5. Bezirk, wo er bei seiner quasi-Stiefmutter Anna einen Großteil seiner Kindheit verbrachte. Mit acht Jahren — in einem Alter, in dem man von den Erwachsenen fast täglich mit der stupiden Frage konfrontiert wird: Was willst du werden, wenn du einmal groß bist? — möchte er Arzt werden; vielleicht auch von dem Wunsch beseelt, aus der Armut seiner Umgebung auszubrechen.

In den zwanziger Jahren unseres Jahrhunderts waren die Armen in Österreich ärmer als lange zuvor. Nach einem vierjährigen Weltkrieg mit Millionen Toten und Verwundeten, nach dem Zusammenbruch der österreichisch-ungarischen Monarchie und dem harten Frieden von Saint Germain hatte Wien plötzlich in einem neuen Staatsgefüge eine neue Rolle zu lernen. Die imperiale Weltstadt, der Mittelpunkt eines Reiches von 50 Millionen Einwohnern, wurde schlicht und einfach zur Hauptstadt eines Kleinstaates, der Republik Österreich.

Im Gebälk des neuen Staates kracht es gewaltig. Die Inflation beschert zehntausend Papierkronen den Wert, den vorher eine einzige hatte. Die beiden führenden Parteien — Sozialdemokraten und Christlichsoziale — organisieren bewaffnete Selbstschutzverbände, die Rechten die Heimwehr und die Linken den Schutzbund. 1927 zieht eine ob eines Urteils empörte Arbeiterschaft auf die Straße und läßt den Justizpalast in Flammen aufgehen.

In München wird am 24. Februar 1920 die Nationalsozialistische Deutsche Arbeiterpartei (NSDAP) gegründet. Der Vorsitzende der neuen Partei, der durch sein Rednertalent auffällt und sich mit seiner noch kleinen Gruppe bald systematisch zur Spitze einer Massenbewegung emporarbeiten wird, ist Österreicher: Adolf Hitler.

Während ganz Europa Jahre der Armut und Unsicherheit verbringt, beginnen in den Vereinigten Staaten die berühmten „Roaring Twenties". Eine gigantische Automobilindustrie entsteht, von Fords berühmtem T-Modell verläßt jede Minute ein neuer Wagen das Fabriksgelände. Auto und Fließband, zwei Begriffe, die bald das Weltbild umkrempeln werden.

Neben diesem gewaltigen Gegensatz Übersee — Europa beginnt sich eine weitere Macht zu konsolidieren: die Sowjetunion. 1920 und 1921 wird der erst drei Jahre alte Staat von allen wichtigen europäischen Ländern anerkannt. Im April 1922 wird ein neues Amt in Sowjetrußland eingeführt, das Generalsekretariat des Zentralkomitees der Kommunistischen Partei. Der Vorsitzende ist Josif Wissarionowitsch Stalin. Auf dem politischen Schachbrett der Welt beginnt man bereits mit der Aufstellung zu einem zweiten, noch verheerenderen Weltkrieg.

„In all diesen Wirren aber blühte sonderbar heiliges Gewächs auf faulem Grund — die Kunst."[8] Dem politischen Umbruch folgte ein geistiger. Von Deutschland aus findet der Expressionismus seinen Weg nach Wien und Österreich. Franz Theodor Csokor, Karl Kraus, Max Brod, Franz Werfel, Robert Musil, Georg Trakl, Alfred Kubin leben und arbeiten hier. Adolf Loos, der große Architekt, wird allmählich stadtbildbestimmend, Arnold Schönberg, Alban Berg, Ernst Krenek erneuern die Musik, Max Reinhardt wird zum Erneuerer des Theaters.

Dieser Schmelztiegel von schöpferischen Kräften in Politik, Kunst und Kultur wurde dem Gymnasiasten Werner sicherlich durch mehrmalige Vermittlung nahegebracht. Den Namen seines Deutschprofessors im Rainer-Realgymnasium in Wien-Margareten hatte er noch nach Jahrzehnten stets parat gehabt. Kein Wunder, fiel doch ihm — Gottfried Ippich — die Rolle des Entdeckers zu.

Doch schon vorher, irgendwann zwischen dem achten und elften Lebensjahr, muß in dem Schüler allmählich der Wunsch gereift sein, Schauspieler zu werden. 1962, gerade am Höhepunkt seiner Karriere, versuchte Werner, sich an den auslösenden Funken zu erinnern. Er erzählte von einer Märchen-Vorstellung im Raimundtheater, die er mit vier Jahren besucht hatte: „Als der Prinz durch den Zuschauerraum ging, wollte ich sofort mit ihm mitgehen." Über den Urtrieb des Menschen, spielen zu wollen, hat sich Werner überhaupt oft geäußert. „Der Wunsch nach Verwandlung, der Wunsch, jemand anderer zu sein, manifestiert sich wirklich am schönsten in den Kindern", sagte er 1971 bei einem Fernsehinterview und schlüpfte dabei einige Sekunden lang in die Rolle eines puppenspielenden Mädchens. Für diesen Moment konnte er dem Zuschauer glaubhaft machen, er wiege tatsächlich eine Puppe in den Armen.[9]

Ein vermutlich stark ausgeprägter Nachahmungstrieb ließ ihn mit neun Jahren einen blinden Mann, den er auf der Straße gesehen hatte, nachmachen. Er tappte sich mit fest zusammengepreßten Augenlidern die Hauswände entlang, bis ihn ein mitleidiger Mann am Arm nahm und auf die andere Straßenseite führte. „Ich habe mich noch tagelang nachher geschämt, aber ich hätte nicht anders handeln können", schilderte er später den Vorfall.

Mit zehn hatte er sein erstes Stehplatzabonnement am Wiener Volkstheater, und einmal tauschte er mit einem Schulkollegen eine Volkstheatervorstellung gegen eine Burgtheatervorstellung. Daß man dort gerade den *Prinz von Homburg* gab, wie Werner viele Jahre danach glaubhaft machen wollte, ist zu bezweifeln. Es wäre ein zu perfektes Spiel des Schicksals, der Bogen wäre vom Anfang bis zum Ende zu makellos gespannt. Jedenfalls brach das Erlebnis Burgtheater „wie eine Sturmflut" über ihn herein und bestimmte bald sein Leben. Nachmittagelang strich er um das Haus herum, wußte, wann die einzelnen Schauspieler kamen und gingen. „Nur Autogramme habe ich nie verlangt, dazu war ich zu schüchtern", sagte er zu einer Zeit, als er sich bereits zweimal vom Burgtheater gelöst hatte, an dem er Erfolge gefeiert hatte wie kaum ein anderer seit 1945. Der Nachsatz, den er hinzufügte, klingt bombastisch und pathetisch zugleich — doch selbst wenn Werner ihn später erfunden haben sollte, über seine Bindung zu diesem Theater sagt er enorm viel aus: „ ... wenn ich mit der Straßenbahn vorbeifuhr, dann zog ich den Hut wie vor einer Kirche."

Die nächste Station auf dem Weg zu seiner Berufung war eine harmlose Schüleraufführung, bei der Werner einen Feuerwehrmann zu spielen hatte: „... ich dachte mir schon damals, den ersten Satz, den du je vor dem Publikum sprichst, mußt du dir merken für die Zeit, wo du ein berühmter Schauspieler bist ... Und der Satz lautete: Wo brennt's?"[10]

Nun, es brannte bereits ein helles Feuer in der Brust des jungen Oskar Werner, und der erwähnte Mittelschulprofessor brauchte keine großen Überredungskünste, als er ihm riet, Schauspieler zu werden.

Werner wurde über Nacht ein schlechter und desinteressierter Schüler. Den ersten Kontakt zur Schauspielerei fand er — wie so viele — als Komparse beim Film (*Geld fällt vom Himmel*, 1938); er spielte als Steigerung einen Liftboy, der bereits einigen Text zu sagen hatte (*Hotel Sacher*, 1939) und landete beim Radio als Märchenprinz des Schulfunks. Er sah aus wie zwölf, war aber schon achtzehn und gerade bei der Matura durchgefallen. Bei einer der Sendungen lernte er den Burgschauspieler Helmuth Krauss kennen, und dieser unterrichtete ihn, ohne einen Groschen zu verlangen, vier Monate lang an seiner Schauspielschule.

Während Werner am Ziel seiner Wünsche angelangt war, veränderte sich das Leben um ihn herum gewaltig. Im benachbarten Deutschland gelangte Adolf Hitler und mit ihm die NSDAP an die Macht.

Österreich, geschwächt durch den Bürgerkrieg und einen nationalsozialistischen Putschversuch im Jahre 1934, konnte zwar noch einige Zeit dem inneren und äußeren Druck standhalten, fiel aber letztlich Hitlers Expansionsstreben zum Opfer. Der Führer fühlte sich „von der Vorsehung dazu bestimmt", seinen „geschichtlichen Auftrag" zu erfüllen und Österreich mit Deutschland zu vereinen.[11] Am 13. März 1938 konnte er die „Heimkehr der Ostmark" verkünden, der „Anschluß" war vollzogen. Österreich existierte nicht mehr, anstelle der Länder wurden Reichsgaue eingeführt. „In einem wunderbaren Ring hat sich die deutsche Geschichte geschlossen, die bittere Trennung, die den österreichischen Bruderstamm vom Muttervolk staatlich löste, ist überwunden ...", jubelte der neubestellte Präsident der Akademie der Wissenschaften in Wien in der Leitartikelmanier des Völkischen Beobachters.[12]

Da Oskar Werner kein Interesse zeigte, sein Mittelschulstudium doch noch abzuschließen, mußte er 1940 zum Arbeitsdienst. Die „militante Unterdrückung", die er hier erlebte, könnte der Keim für spätere extreme Freiheitsbestrebungen gewesen sein. Wer sich gegen die uniformierte Persönlichkeitsberaubung aufbäumte, mußte bitter dafür bezahlen: „Ich wurde immer sondergeschliffen, ich wollte mich umbringen", berichtete er rückblickend. Da vermittelte ihm sein Schauspiellehrer einen Vorsprechtermin beim damaligen Burgtheaterdirektor, Lothar Müthel. Werner wälzte sich als Prinz von Homburg auf dem Boden und schrie „seine persönliche Not aus der Seele". Müthel, der ein erstklassiger Regisseur und als solcher ein guter Psychologe war, erkannte sofort die große Begabung, aber auch die Gefährdung, der Werners Persönlichkeit inmitten der Militärmaschinerie ausgesetzt war. „Als er mir sagte, daß ich engagiert sei, habe ich zu weinen begonnen", schilderte Werner zwanzig Jahre später den Moment seiner Schicksalswende.[13]

Das Wiener Burgtheater bestand zur Zeit des Anschlusses bereits seit 162 Jahren und hatte in diesen mehr als anderthalb Jahrhunderten manchen gesellschaftlichen und politischen Wechsel erlebt und überlebt. 1918 war aus dem „k. k. Hofburgtheater" das schlichte Burgtheater der Republik geworden. Die notwendige Subvention kam nicht mehr aus des Kaisers „Privatschatulle", sondern die Steuerzahler hatten für die auch damals nicht geringe Summe aufzukommen. Die neuen Machthaber von 1938 führten in den Musentempel am Ring einen gerade für Wiener Künstler befremdenden zackigen Stil ein. Hermann Röbbeling, der amtierende Burgtheaterdirektor, wurde noch am 12. März regelrecht hinausgeworfen. Der Schriftsteller Mirko Jelusich, zum kommissarischen Leiter des Hauses bestellt, ließ es sich nicht nehmen, dem Direktor persönlich mitzuteilen, daß er seine Amtsräume augenblicklich zu räumen hatte. Röbbelings Frau erzählte über den plötzlichen Abgang ihres Mannes: „Um zehn hat er mich noch aus dem Büro angerufen, um viertel elf schon vom Automaten aus."[14]

Das Burgtheater war in Gefahr. Jelusich thronte im Braunhemd und in Stiefeln auf dem Direktionssessel und ließ durch einen Anschlag am sogenannten schwarzen Brett unmißverständlich seine Macht spüren: „... meinen Anordnungen ist bedingungslos Folge zu leisten. Das künstlerische und technische Personal hat sich morgen ... um 10 Uhr vormittag auf der Bühne ... zu versammeln."

Der Kasernenhofton herrschte aber nur relativ kurze Zeit. Am 8. Mai 1939 übernahm Lothar Müthel die Direktionsgeschäfte. Das langjährige Mitglied des Reinhardt-Ensembles und Regisseur einer legendären *Hamlet*-Aufführung am Berliner Staatsschauspielhaus mit Gustaf Gründgens in der Titelrolle „war nach außen hin linientreu".[15] Mit Geschick und Diplomatie gelang es ihm nach und nach, das zunächst zur Zweitrangigkeit verurteilte Burgtheater — die Berliner Bühnen sollten selbstverständlich Priorität haben — wieder auf den ihm gebührenden Platz im deutschsprachigen Raum zu führen.

Als am 11. Juni 1939 Adolf Hitler zum ersten und letzten Mal das Burgtheater als „Führer" besuchte, spielte man Nestroys *Einen Jux will er sich machen*. Die Hauptdarsteller wurden nach der Vorstellung zum Nachtmahl ins Hotel Imperial befohlen, und sie mußten „peinlich berührt mitanhören, wie ihr Kollege Ferdinand Maierhofer" den Gastgeber Hitler „fortwährend mit ‚mein Himmelvater' anredete".[16]

Am 1. September 1939 um 4.45 Uhr befahl der Führer den Angriff auf Polen, am 3. September antworteten Frankreich und Großbritannien mit einer Kriegserklärung an Deutschland. Nur 21 Jahre vorher war der Erste Weltkrieg zu Ende gegangen, nach dem man sich keinen blutigeren und fürchterlicheren vorstellen konnte. Die Jahre von 1939 bis 1945 sollten aber die Jahre 1914 bis 1918 noch bei weitem übertreffen: In den sechs Jahren fanden 55 Millionen Menschen einen gewaltsamen Tod.

Um die Stimmung in Wien, die nach der Ausweitung des Krieges einen Tiefpunkt erreicht hatte, zu verbessern, bestellte Hitler im Frühjahr 1940 Baldur von Schirach zum „Reichsstatthalter des Gaues Wien". „Schirach hatte den Ehrgeiz, Wien zu einem Gegenpol von Berlin zu machen. Als einer der Götter des Parteiolymps wußte er natürlich, daß dies nur auf kulturellem Gebiet geschehen konnte." Reichspropagandaminister Goebbels dagegen „hätte es gerne gesehen, wenn Wien ... zu einer in jeder Beziehung von ihm abhängigen zweitklassigen kulturellen Grenzstadt degradiert worden wäre". Nutznießer dieser erbitterten Kämpfe zweier „Reichsgrößen" waren die Wiener Kulturinstitute.[17] Lothar Müthel verstand es ausgezeichnet, jeden erdenklichen Vorteil für das von ihm heißgeliebte Burgtheater zu nutzen. Als man bereits im Juni 1939 aus Berlin eine Liste der „noch im Theater verbliebenen rassisch-strittigen Mitglieder" von ihm verlangte, konnte er durch sein unbedingtes Eintreten für die Schauspieler in jedem einzelnen Fall eine Sondergenehmigung für weitere Auftritte erreichen.[18]

Auch der 1941 neu engagierte Oskar Werner wäre gemeinsam mit anderen jungen Kollegen früher oder später zum Wehrdienst eingezogen worden, wenn Müthel nicht interveniert hätte.

Werner sprach später immer wieder davon, daß er während des Zweiten Weltkrieges drei Jahre beim Militär verbracht habe. Eine andere, auch oft kolportierte Version weiß es besser: Der junge Schauspieler war in Wien stationiert und durfte abends zu den Vorstellungen. Nach den täglichen handschriftlichen Aufzeichnungen über *jeden* Auftritt eines *jeden* Burgtheatermitgliedes zu urteilen, hat Werner tatsächlich nur kurze Zeit in Uniform verbracht: In der 2. Saison seines Engagements (1942/43) hatte er bereits 132 Auftritte in zwölf Rollen zu absolvieren. Wenn man bedenkt, daß in einem Theater ja nicht nur am Abend gespielt, sondern tagsüber auch probiert werden muß, blieb für einen regulären Wehrdienst nicht viel Zeit.

Der historische Tag in Werners Leben, sein Debüt am Burgtheater, bedeutete selbstverständlich für alle anderen Ensemblemitglieder eine ganz normale, alltägliche Repertoirevorstellung. Das Stück stand immerhin schon fast zwei Jahre auf dem Spielplan, und der zerbrechlich und extrem jung wirkende neue Kollege übernahm nur eine ganz kleine Rolle. Sie hieß Giuliamo Mocenigo, und das dazugehörende Schauspiel hatte den pathetischen Titel *Heroische Leidenschaften — Die Tragödie des Giordano Bruno*. Ihr Autor war Guido Kolbenheyer.

Das Datum seines Debuts konnte Werner auch drei, vier Jahrzehnte später wie aus der Pistole geschossen angeben: Es war der 11. Oktober 1941. Auch seine oft zitierte Behauptung, er hätte an den ersten drei Auftrittstagen drei verschiedene Figuren darzustellen gehabt, erweist sich nach dem Studium der erwähnten Rollenlisten als stichhaltig. Wo man verklärte Legendenbildung erwartet, zeigt die Tagesstatistik besetzungspolitische Eigenheiten des Betriebsbüros auf.

Am 12. Oktober folgte also das Stück *Justitia — Drama eines deutschen Mannes*, von Rudolf Holzer, mit der Rolle des Hans, und am nächsten Tag *Das Prinzip*, von Hermann Bahr. Jochen Brockmann war Werners Vorgänger in der Rolle des Peter Irle.

Mit diesen drei Rollen mußte sich der achtzehnjährige Burgschauspieler bis Ende der Saison 1941/42 begnügen. Um ihn herum aber spielten all die Darsteller, die er noch vor nicht so langer Zeit, die Schule schwänzend, beim Ein- und Ausgehen am Bühneneingang heimlich beobachtet hatte. Er stand zwar in der ganzen Saison nur zwanzigmal auf der Bühne, doch während der restlichen Abende brauchte er nicht mehr auf den Stehplatz zu gehen, um seine Lieblinge zu sehen. Er gehörte zum Haus, konnte Dienstsitze in Anspruch nehmen, aus nächster Nähe (fast) dabei sein, wenn Hermann Thimig, Raoul Aslan, Fred Liewehr, Ewald Balser, Fred Hennings, Hedwig Bleibtreu, Maria Eis, Rosa Albach-Retty, Lotte Medelsky ihre Rollen gestalteten. Ebenfalls neu engagiert waren Käthe Dorsch, Heinz Moog, Horst Caspar, Susi Nicoletti, Paul Hörbiger und Curd Jürgens. Unter den vielen neuen Kollegen befand sich einer, der später Oskar Werners gesamte künstlerische Laufbahn prägen sollte, als väterlicher Freund und hochverehrter Partner: Werner Krauß.

Während an den Fronten der Krieg immer mehr und schwerere Opfer forderte, hatten die Wiener Theater stärkeren Zulauf als je zuvor. Die psychologisch so leicht erklärbare Suche nach einigen Stunden „heiler Welt" bescherte nicht nur den Operettentheatern volle Zuschauerräume, auch die Klassikerabende an der Burg waren stets ausverkauft. „Die Leute hatten Arbeit und Geld, ohne daß das Warenangebot dem Geldumlauf entsprach."[19] Auch die verschiedensten Organisationen von *Kraft durch Freude* bis zur *Hitlerjugend* beschickten regelmäßig durch verbilligte Kartenkontingente die Theater Wiens. Daß dies aber oft geradezu lächerliche Begleiterscheinungen zur Folge hatte, lag an der besonderen Struktur der nationalsozialistischen Diktatur. So hatte Goebbels anläßlich eines Wien-Besuches zwanzig Burgtheatervorstellungen der Saison 1940/41 der Wiener Arbeiterschaft („Gefolgschaftsangehörige der Wiener Betriebe" genannt) und den auf Heimaturlaub weilenden Soldaten unentgeltlich zur Verfügung gestellt. Vor der ersten dieser zwanzig Vorstellungen mußte der Pressechef des Reichsstatthalters Schirach, Günter Kaufmann, die Gäste willkommen heißen. Die heute bereits bizarr erscheinende Rede gipfelte in der Geschmacklosigkeit, daß Gebietsführer Kaufmann sich bemüßigt fühlte, sich für die Aufführung eines Stückes von einem englischen Autor zu entschuldigen. Dieser

Autor war William Shakespeare. „Wir führen diesen Krieg auch nicht gegen Shakespeare, sondern gegen Churchill", versicherte der Redner treuherzig.[20]

Nach einigen ebenfalls nachgespielten Rollen kam endlich der Tag, an dem Oskar Werner an einer Premiere des Burgtheaters mitwirken durfte. Die Rolle, die er darstellte, war wiederum sehr klein, sodaß die Zeitungen seinen Namen nicht einmal erwähnten. Desto interessanter war der Anlaß dieser Premiere: Gerhart Hauptmanns 80. Geburtstag. Baldur von Schirach und sein Generalkulturreferent Walter Thomas wollten sich wieder einmal dem übrigen Reich gegenüber profilieren und planten für Wien eine großangelegte Gerhart-Hauptmann-Festwoche. Das Propagandaministerium wandte sich in einem streng vertraulichen Schreiben „aus allgemeinen kulturpolitischen Überlegungen" gegen die Ehrung Hauptmanns, der als „Erzpazifist" und „Verächter nationaler Ehre" unerwünscht war. Die Wiener Funktionäre setzten sich zunächst durch, Hauptmanns Bauerndrama *Florian Geyer* wurde am Burgtheater mit Ewald Balser in der Titelrolle in einer Neuinszenierung von Lothar Müthel herausgebracht (17. November 1942). Werner spielte den Sohn von Lotte Medelsky. Ihre Rolle war schlicht als „alte Frau" angegeben. Das „Wiener Tagblatt" rühmte Balsers Schlichtheit und Nüchternheit, zählte einen Teil der neununddreißig Darsteller auf und huldigte dem greisen Dichter, der bei der Premiere anwesend war. Der „Völkische Beobachter" schrieb irgend etwas von der „Irrfahrt des gestörten dichterischen Kompasses" von Hauptmann und kennzeichnete sich damit als das, was er war — eine Parteizeitung.[21]

Am Tag nach der Premiere eröffneten die Sowjets ihre zweite Winteroffensive, die zur Schlacht von Stalingrad führen sollte. Generalkulturreferent Thomas wurde von Schirach kurzweg geopfert und als Repräsentant des verwerflichen „Wiener Kunstliberalismus" an die Ostfront abgeschoben. Goebbels hatte einen langen Arm.

In *Florian Geyer* spielte Werner nachweislich das erste Mal mit Elisabeth Kallina zusammen. Aus der Bühnenpartnerschaft wurde bald eine Partnerschaft fürs Leben: sie wurde Oskar Werners erste Frau. „Ihre Behutsamkeit und ihre Sympathie haben mir unendlich viel geholfen", sagte Werner 1962, als er schon auf der Flucht vor sich selbst zweimal dem geliebten Burgtheater den Rücken gekehrt hatte und in einer zweiten, in Hollywood geschlossenen Ehe lebte.[22] Noch während des Krieges hatte das Ehepaar Kallina-Werner eine Tochter namens Eleonore bekommen.

Die nächste Rolle, die Werner spielte — diesmal am Akademietheater —, brachte ihm endlich eine kleine Erwähnung in der Presse ein. In Goldonis *Venezianische Zwillinge* (damals *Die Zwillinge aus Venedig*, Premiere 29. Jänner 1943) spielte er den Florindo, und der Kritiker vom „Wiener Tagblatt", der zunächst selbstverständlich Paul Hörbiger in der Doppel-Titelrolle, dann Wilhelm Heim, Alma Seidler und Alexander Trojan lobte, schrieb: „... sehr einnehmend der jugendlich enflammierte Kavalier Oskar Werners."

Diesem minimalen Erfolgserlebnis standen arbeitsreiche Zeiten mit rund zwanzig Auftritten pro Monat gegenüber, Rollenübernahmen, weitere, von der Presse unerwähnt gebliebene Premieren: Werner hat reichlich Gelegenheit gehabt, das Handwerk zu lernen. Neben Müthel arbeitete er mit weiteren erstklassigen Regisseuren: Adolf Rott, Philipp Zeska, Ulrich Bettac und Herbert Waniek formten den inzwischen Zwanzigjährigen.

In Karl Schönherrs *Erde* (Premiere 5. Mai 1943) stand Werner neben Otto Treßler, Auguste Pünkösdy und Eduard Volters auf der Bühne des Akademietheaters. „Ergreifend das nicht in dieser Welt lebende Knechtl Oskar Werners", hieß es in einer Kritik, und „... überzeugend ... Oskar Werner als der jungenhafte, etwas schwachsinnige, schwärmerisch verträumte Knechtl", meinte eine andere.[23]

Materialnot zwang Müthel schließlich, die Premierenanzahl

am Burgtheater zu reduzieren; doch gelang es ihm, trotz des bald einsetzenden „totalen Krieges", „bis zum bitteren Ende das künstlerische Niveau zu halten".[24] Im Mai 1944 spielte man neunzehnmal im selben Monat, also fast ensuite, Josef Wenters *Kaiserin Maria Theresia* mit Hedwig Bleibtreu in der Titelrolle. Das Stück endete mit den Worten: „Es ist genug!"

Am 6. Juni 1944 begann die Invasion der alliierten Truppen in der Normandie, und am 24. August 1944 verfügte Goebbels die Schließung sämtlicher Theater im Reich. Hedwig Bleibtreu schrieb in ihren Notizen: „Am 2. September um 4.30 Uhr nachmittags Abschiedsappell im Burgtheater. Es war sehr traurig, und ich wollte es bis zum letzten Augenblick nicht glauben."[25]

Bald danach fielen Bomben auf Wien und legten die Stadt in Schutt und Asche. Die Oper brannte im März 1945 aus, einen Monat später folgten Burgtheater und Stephansdom. Die Wohnhäuser waren dezimiert, über sechstausend Gebäude der Stadt völlig zerstört.

Am 9. Mai 1945 trat die Kapitulation Deutschlands in Kraft. Auf die Überlebenden wartete nicht nur die Arbeit des Wiederaufbaus, sondern auch die viel schwierigere Aufgabe, das Erlebte zu bewältigen, wenn schon nicht zu vergessen.

Die russische Besatzungsmacht in Wien drängte auf die Wiederaufnahme des Spielbetriebes in den Theatern. Noch Ende April legte Lothar Müthel während eines symbolischen Aktes in dem noch brauchbaren Konversationszimmer des Burgtheaters die Direktionsgeschäfte in die Hände von Raoul Aslan. Dieser hatte seine liebe Not, innerhalb von kürzester Zeit ein Ausweichquartier für das Burgtheater zu finden. Erhard Buschbeck, jahrzehntelang graue Eminenz des Hauses, kam auf die Idee, es im Varieté Ronacher auf der Seilerstätte im 1. Wiener Gemeindebezirk zu versuchen. Am 30. April 1945 hob sich bereits der Vorhang. Vor einem schwarzen Samthintergrund und einer stilisierten Dekoration spielte man Grillparzers *Sappho*, mit Maria Eis in der Titelrolle. „Das ausverkaufte Haus erlebte den Spielbeginn gleich zweimal. Der sowjetische Marschall Tolbuchin kam zu spät, man mußte den Vorhang fallen lassen und noch einmal anfangen."[26]

In der ersten Rumpfsaison brachte man im Ronacher an insgesamt 425 Spieltagen mehr als tausend Aufführungen zustande. Obwohl die ersten Theaterbesucher im Mai 1945 stundenlange beschwerliche Anmarschwege durch Ruinen und über Schutthaufen zur Notunterkunft des Burgtheaters in Kauf nehmen mußten, um die schon um 17.30 Uhr beginnenden Vorstellungen besuchen zu können, waren alle Aufführungen so gut wie ausverkauft.

Oskar Werner steht bereits am 17. Mai 1945 in der aus dem Jahre 1941 stammenden Inszenierung von Kotzebues *Die beiden Klingsberg* auf der Bühne. Am 13. Juni kommt es bereits zur ersten Burgtheaterneuinszenierung nach dem Krieg. Es ist, mit Aslan in der Titelrolle und Werner als Spielansager, Hofmannsthals *Jedermann*.

Aus heutiger Sicht erscheinen die Jahre im Ronacher als eine der wichtigsten Epochen in der Geschichte des Burgtheaters. „Damals war nichts selbstverständlich, alles blieb außerordentlich."[27] Man spielte Stücke, die seit Jahren verbannt gewesen waren, so zum Beispiel Molnárs *Liliom,* mit Paul Hörbiger in der Titelrolle, Alma Seidler als Julie und Maria Eis als Frau Muskat. Oskar Werner spielte den jungen Holunder.

Ein ergreifendes Wiedersehen mit der aus der Emigration zurückgekehrten Else Wohlgemuth brachte Klara Biharys *Die andere Mutter* (Premiere 14. Dezember 1945). In dem etwas konstruierten Stück der „Budapester Manufaktur" geht es um den Kampf zweier Mütter um einen Sohn: der Mutter, die ihn gebar, aber nicht behalten konnte und durfte — und der anderen Mutter, die ihn zwanzig Jahre lang mit Liebe und Sorge aufzog. Else Wohlgemuth spielte die Rolle der Mutter, die ihr Kind hergeben mußte. Die ersten Worte, die der Rechtsanwalt, der einst die Adoption durchführte, der Eintretenden zu sagen hatte, lauteten: „Ich bin glücklich, Sie hier begrüßen zu

AKADEMIETHEATER

Vorstellung des Burgtheaters

Donnerstag, den 12. Juni 1947

Preise III

Zum ersten Male

Mit achtzehn Jahren

Komödie in vier Akten von Roger-Ferdinand

Übersetzt und eingerichtet von Herbert Waniek

Frl. Bravard, Professor der Philosophie	Sylvia Devez
Gabriel Lamy	Alexander Trojan
Michel Barbarin	Otto Gutschy
Pierre Paturel	Erland Erlandsen
Henry Lavally, Sohn des Direktors	Veit Relin
Amédée Legros	Oskar Werner
Der Direktor	Max Paulsen
Chaminet, Physikprofessor	Otto Treßler
Ledent, Schuldiener	Albert Paulmann
Herr Lamy, Gabriels Vater	Alfred Neugebauer

Der erste Akt im Arbeitszimmer des Direktors eines Provinz-
gymnasium; die drei anderen Akte in einem Klassenzimmer

Die Handlung spielt sich in unseren Tagen ab, in einer Stadt der
Normandie

Regie: Herbert Waniek

Bühnenbilder: Otto Liewehr

Kleider von Sylvia Devez: Atelier Höchsmann

Nach dem zweiten Akt eine größere Pause

Kassaeneröffnung 18.30 Uhr   Anfang 19 Uhr   Ende gegen 21.30 Uhr

---

Spielplan:

Freitag   13. Juni. Mit achtzehn Jahren (Anfang 19 Uhr)
Samstag   14. Juni. Mit achtzehn Jahren (Anfang 19 Uhr)
Sonntag   15. Juni. Mit achtzehn Jahren (Anfang 19 Uhr)

Kartenverkauf für das Ronacher, Akademietheater und den Redoutensaal an der Kasse der Staatstheater, I., Bräunerstraße 14. Kassen-
stunden: Wochentags von 9 bis 12 Uhr und von 13 bis 16 Uhr, sonntags von
9 bis 12 Uhr für die jeweilige Abendvorstellung und abends im Ronacher, im
Akademietheater und Redoutensaal eine halbe Stunde vor Beginn. Der Kartenverkauf
beginnt jeweils zwei Tage vor der Vorstellung. Telephonische Auskunft R-28-3-20

Druck Elbemühl, Wien, IX. Berggasse 9

dürfen." „Frenetischer, minutenlang anhaltender Applaus, eine Welle von Liebe und Verehrung" schlug der Künstlerin entgegen. Und auf die Antwort: „Und ich bin glücklich, diese Schwelle übertreten zu dürfen", folgte ein neuerlicher Applaussturm des Publikums. Die Mutter, die es durch ihre Hingabe geworden war, spielte Hilde Wagener, den Sohn Oskar Werner. Oskar Maurus Fontana schrieb im „Wiener Kurier" über seine „frische Knabenhaftigkeit", und der Kritiker der „Volksstimme" gab zum ersten Mal eine Zukunftsprognose ab: „Oskar Werner ist ein außerordentliches Talent. Sowohl sprachlich als ausdrucksmäßig eine überaus erfreuliche Leistung. Hier sind noch große Überraschungen zu erwarten."[28] Leider war der Artikel nicht signiert, und so kann der Name des Rezensenten, der diese prophetischen Worte niederschrieb, nicht angeführt werden.

Die Direktion schien vom Talent des jungen Schauspielers ebenso überzeugt gewesen zu sein — er wurde immer öfter eingesetzt und kam auf Vorstellungszahlen, die es heute nur mehr an En-suite-Theatern gibt. Durch Matineen, Nachmittags- und Doppelvorstellungen bedingt, spielte Werner im Juli 1945 einundvierzigmal, im August einunddreißigmal und in der folgenden ersten vollen Saison nach dem Krieg zweihundertdreiundvierzigmal (in neun Rollen)! Man darf die zweimonatige Sommerpause nicht vergessen, wenn man Statistik betreiben will: Werner spielte 1946/47 fast täglich, dagegen wirkte die folgende Spielzeit mit „nur" 202 Auftritten fast schwach.

Es waren durchwegs kleinere Rollen, die er in diesen Jahren spielte, doch sie „wuchsen" langsam aber sicher. Besonders erwähnenswert sind aus dieser Zeit der Kinderkönig in Hofmannsthals *Turm*, der stymphalische Vogel in Csokors *Kalypso*, der Leporell in Calderons *Über allen Zaubern Liebe* („... Oskar Werner mit viel Grazie und liebenswürdiger Natürlichkeit..."). Den Gymnasiasten in der Schülerkomödie *Mit achtzehn Jahren* von Roger-Ferdinand spielte er „wirklich entzückend", wie ihm der Kritiker des „Neuen Österreich" bescheinigte. Dieser Ausspruch schien Werner so geärgert zu haben, daß er sich noch nach drei Jahrzehnten daran erinnerte. Mit 25 auf der Burgtheaterbühne will man ja auch nicht entzückend sein, sondern möchte wichtige, tragische Rollen spielen. Im nächsten Jahr war es soweit.

Raoul Aslan bat wegen seines angeschlagenen Gesundheitszustandes im Frühjahr 1948 um seine Demissionierung. Der neue Direktor wurde in Josef Gielen gefunden. Er hatte vor dem Krieg öfter am Burgtheater inszeniert und sich in der Emigration am Teatro Colon in Buenos Aires als Opernregisseur einen Namen gemacht. Da Gielen noch vertraglichen Verpflichtungen nachgehen mußte, führte Erhard Buschbeck einige Monate provisorisch das Haus.

Gielen beschrieb 1949 die künstlerische Situation, die ihn bei seinem Amtsantritt im Herbst 1948 erwartete, folgendermaßen: „Man sprach wie beim Turmbau zu Babel — in vielen Zungen. Durcheinander hörte man ältestes rhetorisches Pathos, Reste des ... neusachlichen Telegrammstils ... und das barsche Rasseln des Pathos der zuletzt vergangenen Zeit ... Es war niemandes Schuld, und nur die notwendige Folge aus den historisch gegebenen Tatsachen der letzten zwanzig ... Jahre. Das Positive, das ich vorfand, war ein großer, reiner Arbeitswille."[29]

Der neue Direktor wollte dem Burgtheater nicht nur ein globales künstlerisches Profil aufzwingen, er wandte sich auch deutlich dem Zeitgenössischen zu. „Er hatte einen atemberaubenden Spielplan und ein entsprechendes Ensemble dazu."[30]

Die jüngste Vergangenheit brachte das Burgtheater im Ronacher mit Carl Zuckmayers *Des Teufels General* auf die Bühne. Die Premiere fiel noch in die Vor-Gielen-Zeit (12. September 1948), aber der einen Monat später antretende Direktor hatte sicherlich viel zu dieser österreichischen Erstaufführung beigetragen — sie fand schließlich schon in „seiner" Saison statt. Das Stück, das Zuckmayer im amerikanischen Exil 1942 begonnen hatte, war „Urteil, Klage und Gericht" zugleich. Im Mittelpunkt der Handlung steht die Gestalt des Generals Harras, der aus Fliegerleidenschaft dem Nationalsozialismus dienstbar wurde. Er ist ein „tragisch Schuldiger, weil er niemals Parteigänger, immer ein Wissender, dennoch ‚des Teufels General‘ wurde". Sein Chefingenieur dagegen macht sich mit den Schuldigen schuldig, um ihre Macht zu brechen. Er opfert bedenkenlos um der höheren Sache willen Freund und Mitarbeiter. In ihm hat Zuckmayer die Sache des Widerstandes versinnbildlicht. Der dritte Held ist ein „Tragiker des Nationalsozialismus, ist ein Repräsentant der betrogenen, vergifteten, gebrochenen deutschen Jugend, der Fliegerleutnant Hartmann, aufgezogen in einer Ordensburg, der aus einem Fanatiker zu einem Verzweifelten wird".

Das in Wien lange erwartete Stück wurde im Ronacher „zu einer eindrucksvollen Gesamtwirkung mit mächtigen Eigenleistungen". Den Harras spielte Ewald Balser, den Chefingenieur Albin Skoda. Und zum ersten Mal wurde in den durchwegs enthusiastischen Kritiken Oskar Werner an dritter Stelle neben seinen bereits arrivierten und berühmten Kollegen genannt: in der Rolle des Leutnants Hartmann. „Ausgezeichnet gibt Oskar Werner einen jungen Fliegeroffizier, der in schweren inneren Kämpfen aus einem Diener des Hitlerismus zu dessen erbittertstem Gegner wird" war zu lesen. Oder: „Oskar Werner stellte mit seinem Leutnant Hartmann seine große Begabung neuerlich unter Beweis."[31] Der erst 26jährige Werner schien es geschafft zu haben. Der Kindheitstraum war zur Wirklichkeit geworden. Der Höhepunkt seiner Karriere ließ aber noch ein paar Jahre auf sich warten.

Die Wiener forderten den Wiederaufbau des zerstörten Burgtheatergebäudes am Ring, ein Architektenwettbewerb war bereits seit einigen Monaten ausgeschrieben. Der Countdown zur Eröffnung lief. Bei der 2. Premiere des neueröffneten Burgtheaters spielt Werner an der Seite seines Meisters Werner Krauß die Titelrolle von Schillers *Don Carlos*.

1949 hatte Gielen den bedeutenden Regisseur Berthold Viertel, der durch seine tiefenpsychologische Inszenierungskunst unvergeßliche Abende kreierte (Tennessee Williams' *Glasmenagerie* und *Endstation Sehnsucht*, Strindbergs *Kronbraut*, Tschechovs *Möwe*), nach Wien geholt. Ernst Lothar wurde ebenfalls als Regisseur verpflichtet. „Im Ensemble wimmelte es von Persönlichkeiten, und sie blieben zumeist das ganze Jahr, fügten sich ein, spielten mitunter auch kleinere Rollen."[32]

Werner Krauß konnte erst nach der Aufhebung seines Auftrittsverbotes an das Burgtheater zurückkehren. Seine Mitwirkung an dem Propagandafilm *Jud Süß* (1940) hatte ihm nach dem Krieg für drei Jahre den Weg zu allen deutschsprachigen Bühnen versperrt. Raoul Aslan bemühte sich als erster darum, Krauß wieder ans Burgtheater zu bringen, aber erst im November 1948 war es soweit. Da man eventuelle aggressive Reaktionen des Publikums erwartete, bediente man sich eines psychologischen Tricks: „Wir brauchen ein Stück, wo die Dorsch mindestens eine Viertelstunde auf der Bühne steht, bevor Krauß auftritt", meinte die Direktion. In Devalls harmlosem „Tragik-Lustspielchen" *Die Frau deiner Jugend* ergab sich eine solche Situation. Am Tag der Premiere spielte sich Käthe Dorsch das Herz aus dem Leibe, und als Krauß das erste Mal auftrat, war das Publikum bereits gewonnen.[33]

Oskar Werner hat es später leider nicht genau präzisiert, wann die große Freundschaft zwischen Werner Krauß und ihm ihren Anfang genommen hatte. Anzunehmen ist, daß beide erst in jener Zeit nach dem Krieg näher zueinander fanden, als Werner schon reifer an Jahren und reicher an Rollen geworden war.

Der Brackenburg in Goethes *Egmont* bedeutete am Ende des Jahres 1948 eine weitere Herausforderung. Der Besetzungszettel der Premiere (30. November 1948) liest sich wie eine Aufzählung der bekanntesten Burgtheaterdarsteller der Nachkriegszeit: Helene und Hermann Thimig, Ewald Balser, Fred Hennings, Käthe Gold, Hedwig Bleibtreu, Richard Eybner, Josef Meinrad. Sie alle spielten an einem Abend! Daß es Werner gelungen ist, in dieser Umgebung mit einer eher kleinen Rolle aufzufallen, ist sicherlich auch der Regiekunst Ernst Lothars zu verdanken, der die Talentreserven des jungen Schauspielers bis zur Neige ausschöpfte. Friedrich Schreyvogl setzte sich in seiner vierspaltigen Kritik äußerst gründlich mit der Inszenierung, mit dem Stück selbst und mit den Darstellern auseinander. Im letzten Teil seines fast essayhaften Artikels beschreibt er Klärchens und Brackenburgs letztes Zusammentreffen: „Die ... Szene zwischen der Gold und Oskar Werner ... wird dabei zum letzten persönlichen Höhepunkt vor dem allgemeinen Schluß, zu einer der schönsten Szenen des Gefühls, die je im Burgtheater zu sehen waren...“[34]

Werner spielte 35mal den Brackenburg, dann übernahm Tonio Riedl beziehungsweise Alexander Trojan die Rolle. Der erste Abschnitt von Werners Burgtheaterkarriere hatte ein jähes Ende genommen. Was war geschehen?

Der Schauspieler hatte sich in späteren Jahren nie ganz konkret über seinen Abgang geäußert. In den meisten zusammenfassenden Artikeln, die über ihn erschienen sind (z. B. zu seinem 50. und 60. Geburtstag), wird vage von einer „Kündigung“ gesprochen. Der Leser gewinnt dabei den Eindruck, daß der zornige junge Mann sich falsch oder zu wenig beschäftigt gefühlt und dem Burgtheater den Rücken gekehrt hatte. Es ist möglich, daß Werner selbst diesen Eindruck erwecken wollte, *gesagt* hat er es nie.

Tatsache dagegen ist, daß die bereits erwähnten Rollenlisten des Burgtheaterarchivs vom 28. August 1948 bis zum 2. Mai 1949 183 Auftritte Werners vermerken (in 14 Rollen) und dann plötzlich abbrechen. Am unteren Ende des Folio-Blattes steht eine mit Bleistift hinzugefügte, aber durch Beamtenschönschrift klar leserliche Zeile: „Ohne Bewilligung am 4. V. zum Film nach London gereist. Fristlose Entlassung.“

„Auf dem Gebiete der Kunst
wird die Angst vor dem Leben
zur Angst vor dem Gefühl..."
Henry Bordeaux: La peur de vivre

AUF DER SUCHE

Wie kam ein junger, aufstrebender Burgschauspieler plötzlich
zu einem Filmangebot aus London?

Gar nicht. Oskar Werner war außerhalb von Österreich so
gut wie unbekannt, und die englische Filmindustrie hatte andere Sorgen, als sich ihre Darsteller aus dem damals fernen
Wien zu holen. Der österreichische Filmregisseur Karl Hartl
aber war in der Filmbranche bereits bekannt, und er hatte anscheinend ausgezeichnete Beziehungen im Ausland. So bekam
er den Auftrag, von seinem erfolgreichen, in Wien gedrehten
Film *Der Engel mit der Posaune* auch eine englische Version an-
zufertigen. In London. Und Werner sollte seine ursprüngliche
Rolle aus der österreichischen Fassung auch in England spielen.

Aber der Reihe nach. 1949 war es noch keineswegs selbstverständlich, Filme im Ausland zu drehen. Vor nicht zu langer
Zeit war es nicht einmal selbstverständlich gewesen, überhaupt Filme zu drehen. Während das Burgtheater im Ronacher, die Wiener Staatsoper im Theater an der Wien ihre Asyl-
stätten fanden und der Radiosender Rot-Weiß-Rot seine regu-
läre Arbeit aufnahm, konnte an eine österreichische Filmpro-

duktion noch nicht gedacht werden. Obwohl die Wien-Film im Dritten Reich zentrale Produktionsstätte war und dadurch auch nach dem Krieg beachtliche Studiokapazitäten zur Verfügung gehabt hätte, konnten sich die Alliierten zunächst nicht einigen, wer im Filmgeschäft Oberhand haben sollte. Daß das Medium Film über eine enorme Propagandawirkung verfügte, war allen Beteiligten klar. Erst 1946 konsolidierte sich die Lage: Die Wiener Filmateliers Sievering und Schönbrunn wurden von den westlichen Besatzungsmächten freigegeben, das Studio Rosenhügel blieb unter sowjetischer Kontrolle. Die ersten Produktionslizenzen wurden von den amerikanischen Besatzern vergeben, worauf sich die andere, die sowjetische Seite ebenfalls beeilte, einen österreichischen Film zu unterstützen. Dieser wurde als erster fertig und hatte am 23. August 1946 Premiere. Der selbstverständlich in schwarzweiß gedrehte Streifen hatte den Titel *Der weite Weg*. Die Hauptrollen spielten Rudolf Prack, Hans Holt, Maria Andergast, Willy Danek und Thea Weis. Regie führte der Produzent Eduard Hösch, Pionier des österreichischen Stummfilms.

Hösch erzählt die Geschichte eines jungen Ehepaares während des letzten Kriegsabschnittes und der Zeit danach — mit allen traditionellen Handlungselementen eines österreichischen Films: „Da gibt's die melodramatische Liebesgeschichte, die Verwechslung, das Mißverständnis und das Happy End."[35]

Während in den Kinos neben den erst nach und nach gedrehten einheimischen Filmen vor allem die jahrelang verboten gewesenen amerikanischen Streifen die Zuschauer anlockten, wurde in Österreich eine Filmgesellschaft nach der anderen gegründet. Die oft rasch zu Reichtum gekommenen zwielichtigen Figuren des florierenden Schwarzmarktes erkannten alsbald die neue Einnahmequelle. Die folgende Anekdote ist symptomatisch sowohl für die Zeit als auch für die Filmbranche von damals: Es saßen vier Filmproduzenten in einem Wiener Café, und es ging um die Herstellung eines Films, der drei Millionen kosten sollte. Der erste sagt: „Ich habe einen reichen

Fleischhauer, der gibt eine Million." Der zweite sagt: „Ich kenne einen sehr reichen Gemüsehändler, der gibt auch eine Million her." Der dritte sagt: „Ich habe einen Schwarzhändler an der Hand, der gibt uns die dritte Million." „Na gut", sagt der vierte, „die Millionen hätten wir ja, wer aber bezahlt jetzt den Kaffee?"[36]

Der vielleicht größte österreichische Filmerfolg der Nachkriegszeit war *Hofrat Geiger* mit Paul Hörbiger und Hans Moser, Maria Andergast und Waltraud Haas in den Hauptrollen (1947). Der nach dem gleichnamigen musikalischen Lustspiel gedrehte Streifen spielt in der Wachauer Weingegend, vielleicht nur um des Reimes willen für den Hauptschlager („Mariandl, -andl, -andl, aus dem Wachauer Landl, Landl..."). Während im westlichen Teil Deutschlands kritische Filmregisseure sich mit der unmittelbaren Vergangenheit auseinandersetzten (Wolfgang Staudte: *Die Mörder sind unter uns*, 1946, Helmut Käutner: *In jenen Tagen*, 1947), hatte die österreichische Filmindustrie vor allem sentimental verfilmte Theaterstücke zu bieten. Für den Wiener Filmhistoriker Walter Fritz hatte *Hofrat Geiger* eine relativ klare Funktion: „Der Kinobesucher, der Bewohner zerbombter Städte, der sich gerade noch eine Straßenbahnfahrt bis zum Wienerwald leisten konnte, der sollte sich an einem unversehrt gebliebenen, idyllischen Stück Land erfreuen. Es war zunächst so etwas wie eine Urlaubsreise im Kinosessel, und natürlich war mit so einem Film auch schon effektvoll Werbung für den Fremdenverkehr verbunden."[37]

1948 entstand endlich auch in Österreich ein Film, der sich ernsthaft mit der jüngeren und jüngsten Geschichte des Landes beschäftigte: Karl Hartl, ehemaliger Produktionschef und Regisseur der Wien-Film ab 1939, inszenierte den erwähnten *Engel mit der Posaune*. Der nach einem Roman von Ernst Lothar gedrehte Film nahm sich sehr viel vor. Fünf Jahrzehnte österreichisches Zeitgeschehen, verdichtet in der Geschichte eines Patrizierhauses, sollte all das resümieren, was in diesem Land von der Monarchie bis zur neu entstandenen Zweiten Republik an Einzel- und Kollektivschicksalen erlebt wurde. Der zeitgenössische „Illustrierte-Film-Kurier" erklärt in der Inhaltsangabe den etwas seltsamen Titel des Films: „Christoph Alt, bürgerlicher Klaviermacher in Wien, hat es zu Ende des 19. Jahrhunderts zu Ansehen und Vermögen gebracht. Seine Frömmigkeit lehrt ihn, Gott dafür dankbar zu sein, und so wählt er, als sichtbares Zeichen dieser Dankbarkeit, für sein Haus und seine Instrumente einen Engel, der aus vollen Backen aus einer Posaune in den Himmel bläst."[38]

Mit geschickter Hand und dramaturgischem Feingefühl packten die Autoren in das Leben von drei Nachfolgegenerationen dieses „bürgerlichen Klaviermachers" alles Erwähnenswerte von 1888 bis 1946. Franz Alt (gespielt von Attila Hörbiger), der Sohn, kehrt gelähmt aus dem Ersten Weltkrieg nach Hause zurück.

Seine Frau Henriette, geb. Stein (Paula Wessely), hatte noch vor der Ehe eine „große, unauslöschliche und unerfüllbare Liebe" zu Kronprinz Rudolf (Fred Liewehr) erlebt, später eine Affäre mit dessen ehemaligem Kameraden Graf Thraun (Curd Jürgens), den ihr Mann im Duell tötete. Nach dem „Anschluß" zieht sie — weil Jüdin — den Freitod der Verfolgung vor. Hans (Hans Holt), der ältere Sohn von beiden, der ein Mädchen „aus kleinen Verhältnissen" (Maria Schell) heiratet, soll die großväterliche Firma weiterführen. Seine Figur wird durch den jüngeren Bruder Hermann, der „seelischen Schiffbruch erlitten" und sich der Politik verschrieben hat — er ist zum Nationalsozialisten geworden —, kontrapunktiert.

Diesen Hermann spielte Oskar Werner. Anscheinend war er seit *Des Teufels General* prädestiniert für von Zweifel geplagte „Nazis". Es war auch nicht die letzte Rolle, für die er in die dunkle Uniform schlüpfte...

Der Engel mit der Posaune wurde ein großer Erfolg. Allein schon die Besetzungsliste vereinte alle Publikumslieblinge der damaligen Zeit. Hedwig Bleibtreu, Paul Hörbiger, Adrienne

Geßner, Alma Seidler, Gustav Waldau und Helene Thimig spielten ebenfalls mit. Als Karl Hartl von Alexander Korda den Auftrag erhielt, in London eine englische Fassung zu drehen, hatte Oskar Werner die Qual der Wahl: seinen mannigfaltigen Burgtheaterverpflichtungen nachzugehen oder in der britischen Hauptstadt zu filmen. Seine Entscheidung führte zur erwähnten Entlassung. Nun war er Freischaffender — mit dem einprogrammierten allabendlichen Reflex im Nervensystem: „Ich muß spielen!" Wenn ein Schauspieler jahrelang fast täglich auf der Bühne steht, gleicht plötzliche Spielfreiheit einer Entwöhnungskur. Mit all den quälenden Erscheinungen einer solchen. Ein kurzes Zwischenengagement am Wiener Volkstheater in O'Neills *Verwirrung der Jugend*, einer romantischen, sich am Rande der Tragik bewegenden Geschichte um die erotischen Gehversuche eines Jungen, entflammte wahrscheinlich nur Werners Sucht nach der Bühne.

Ein weiterer österreichischer Film brachte Abwechslung — und Arbeit. Walter Kolm-Veltée, der Sohn des österreichischen Filmpioniers Anton Kolm, inszenierte den Beethoven-Film *Eroica* (Premiere 31. Juli 1949). Der Regisseur skizzierte zwar sehr eindrucksvoll seine Absichten in einem Interview (",... so ergab sich nur der mögliche Weg, Beethoven und seine Schöpfungen kommentarlos im Spiegel der Umwelt, der Zeitgenossen und jener Begebenheiten zu erklären, die geeignet sein konnten, sein Wesen und damit auch wieder seinen Weg näherzubringen...“),[39] das fertige Produkt war aber dann eher eine sentimentale Dreiecksgeschichte als eine kongeniale Auseinandersetzung mit dem Komponisten. Oskar Werner spielte Karl Beethoven, den Neffen. Sein der Liebe entsagender Onkel war Ewald Balser. Wenn Werner auch zunächst am Burgtheater nicht spielen durfte, so brach der Kontakt zu den ehemaligen Kollegen durch die Filmarbeit nicht ab.

Der Dreh-Ausflug nach London hatte immerhin auch wertvolle Kontakte mit dem Ausland eingebracht. Als eine englische Produktionsfirma 1950 in Österreich einen Film dreht, wird für eine kleine Rolle Werner verlangt. Der Streifen hieß *Wonder Kid* (mit dem stupiden deutschen Verleihtitel *Entführung ins Glück*) und erzählte die abenteuerliche Geschichte eines Klavier-Wunderknaben, der von seinem Manager hemmungslos ausgebeutet wird. Während einer Konzertpause in Salzburg „entführt" man den Jungen, damit er endlich das Leben eines normalen Siebenjährigen führen kann. (Der Film wurde im März 1966 im österreichischen Fernsehen ausgestrahlt.)

Zwischen zwei Filmen kam Werner wieder zu Bühnenauftritten. Rudolf Steinböck, der Direktor des Theaters in der Josefstadt, engagierte ihn für zwei Stücke. Anläßlich der „goldenen Hochzeit" Gustav Waldaus mit diesem Theater spielte man das Stück *Mein Herz ist im Hochland*, von William Saroyan, in dem der gefeierte Künstler eine Paraderolle fand (Premiere 29. Dezember 1949). Werner spielte einen „zum Leben völlig untauglichen Dichterling jüngeren Jahrgangs ... der eine andere Muttersprache hat als die übrigen Menschen", und konnte laut Kritikerlob „die Ahnungslosigkeit einer solchen Gestalt glaubhaft machen".

Das zweite Intermezzo an der Josefstadt führte ebenfalls zu sehr guten Kritiken, diesmal jedoch in einem schwachen Stück.

Am 9. Juni 1950 hatte Jean Anouilhs *Leocadia* Premiere, neben Werner spielten Melanie Horeschowsky und Aglaja Schmid in den Hauptrollen. Nach den Zeitungsberichten zu urteilen, spielte er seine Kolleginnen an die Wand: „Oskar Werner läßt... eine wunderbare Skala von Farben, Valeurs, Schattierungen, Zwischentönen und Akzenten los, alles in einem reizend unreifen Dummenjungenton, schwingt sich in der die Gestalt erklärenden Arie zu einer entzückenden Logik der Verwirrung auf, die wirklich großes Theater ist..."[40]

Zu dieser Zeit war Werner kein „vielversprechendes Talent" mehr, sondern — mit achtundzwanzig Jahren — ein gefragter und von der Presse gefeierter Schauspieler und als solcher in

Wien völlig der Öffentlichkeit preisgegeben. Die ewigen Besserwisser in dieser Stadt glauben, gerade im Kulturleben, wo man Leistungen und Höhepunkte fördern und nicht bekämpfen sollte, alles zu wissen und von allem etwas zu verstehen. Jeder durchschnittliche Staatsopernabonnent wird am Stammtisch zum geborenen Operndirektor, und jeder, der „Hänschen klein" mit einer Hand auf dem Klavier klimpern kann, glaubt ein gewiefter Konzertkenner zu sein. In jedem anderen Beruf ist Dilettantismus von Professionalität relativ einfach zu unterscheiden, im Kulturbereich glaubt jeder Wiener, die höchste Autorität zu sein. Wehe, ein darstellender Künstler wird bekannt oder berühmt; ab diesem Moment gehört er nicht mehr sich selbst, er ist Allgemeingut geworden, Kaffeehausthema einer Voyeurgesellschaft. Robustere Künstler ignorieren diese Art von „Kulturleben", weniger prominente mischen selber mit. Werner war alles, nur nicht robust, und er „hatte die dünnste Haut, die man sich vorstellen konnte", wie sein Freund und Kollege Fred Liewehr bestätigte.[41] Aber 1950 schien die Welt des Oskar Werner noch halbwegs in Ordnung zu sein, seine später geradezu legendäre Haßliebe zu Wien war vielleicht erst im Keimen.

Das Jahr 1950 bescherte Werner etwas sehr Erfreuliches. Trotz der fristlosen Entlassung vor zwei Jahren zeigte Burgtheaterdirektor Gielen Interesse, Werner wieder an seinem Haus zu haben. Er suchte für seine Inszenierung von Carl Zuckmayers neuem Stück, *Der Gesang im Feuerofen*, einen Hauptdarsteller. Der Regisseur Gielen schien den Theaterleiter Gielen überredet zu haben. Angeblich antwortete er mit dem bekannten Max-Reinhardt-Zitat, als man bei ihm wegen Werners Wiedereinstellung antichambrierte: „Wenn ich einen Schauspieler brauche, so schneide ich ihn mir vom Galgen herab." Werner bekam einen Gastvertrag, nur für das eine Stück, und damit war auch die Beamtenseele befriedigt.

Zuckmayers Drama schöpft ähnlich wie *Des Teufels General* aus dem Geschehen des Zweiten Weltkriegs, behandelt den

Stoff jedoch auf völlig andere Art und Weise. Er schuf ein „wuchtiges, weit über den individuellen Fall und Anlaß hinausreichendes Weltgemälde von rückhaltloser Wahrhaftigkeit. Ein kleines Bergdorf im französischen Teil der Savoyischen Alpen wird im Kriegswinter 1943 zum Schauplatz eines gewaltigen Zusammenpralls gegensätzlicher Leidenschaft..."[42] In eine Gruppe von Widerstandskämpfern, Burschen und Mädchen aus dem Dorf, schleicht sich ein Verräter ein: Louis Creveaux. Am Weihnachtsabend, anläßlich einer Feier, umstellt deutsche Heerespolizei, verstärkt durch Vichy-Gendarmerie, ein altes Schloß und steckt es in Brand. Wer nicht in den Flammen umkommt („Aktion Feuerofen"), wird von den Häschern erschossen. Unter den Jünglingen und Mädchen, die singend den Feuertod erleiden, befindet sich auch der deutsche Funker Silvester, der sie nicht mehr rechtzeitig warnen konnte. Er liebt die Tochter des Gastwirtes und wird von ihr wiedergeliebt. Den Verräter erreicht sein Schicksal erst am Ende des Krieges. So die Handlung. Aus diesem erregenden Stoff schuf Gielen, tatkräftig vom kongenialen Bühnenbildner Caspar Neher unterstützt, ein „Meisterbeispiel an Inszenierung". Obwohl alle Rollen mit ersten Kräften des Burgtheaters besetzt waren (Helene und Hermann Thimig, Heinz Moog, Annemarie Düringer, Josef Meinrad, Elisabeth Kallina), widmeten die Kritiker Oskar Werners Creveaux den meisten Raum. Stellvertretend nur einige Auszüge: „Hier wächst ein Charakterdarsteller von männlichstem Format heran. Einer, der seine Persönlichkeit, mit der Suggestion der Intelligenz und des Verwandlungstriebes, in das Bild der Gestalt hineinreißt" (Siegfried Melchinger). „Oskar Werner, zweifellos eine der stärksten Begabungen der jungen deutschsprachigen Schauspielergeneration", bringt „das Zwielichtige dieses Charakters ... faszinierend und erschütternd zugleich zur Geltung" (Ilse Leitenberger). „Er versteht es, im kleinsten, schlampig hingeworfenen Detail Lichter und Schatten der Seele erschütternd erleben zu lassen..." (Edwin Rollett). „Die seelische Widerspiegelung dieses jungen Künstlers ist ein Phänomen und etwas Einzigartiges . . ." (Rudolf Holzer).[43]

Werner spielte den Creveaux 34mal, dann verließ er zum zweiten Mal das Burgtheater, diesmal aus eigenem Entschluß. Hollywood lockte mit einem Vertrag: die Welt des Ruhms, des Glanzes — und auch des Geldes. Der Abgang war gut gewählt — mitten im Applaus.

Hollywood. Ein magisches Wort. Glamour, Partys, Exzesse, Luxusvillen in Beverly Hills, Sterne — „Stars". Für Millionen, Milliarden von Menschen auf der Erde das Synonym für Weltkarriere.

Da hier die Sonne zuverlässig während des ganzen Jahres scheint, zog der Ort bereits 1907 die ersten Filmproduzenten an — man drehte ja damals in den gläsernen Studios bei Tageslicht. 1911 standen schon 16 riesige Hallen, der Erfinder des Filmschnitts, David Wark Griffith, arbeitete regelmäßig in Hollywood, später kamen Cecil de Mille und Samuel Goldwyn, der legendäre Producer. Eine mächtige Filmindustrie entsteht. Sie beherrscht den Weltmarkt, sie bringt das „Starsystem" hervor. Das Theater aber hat noch keine Konkurrenz zu befürchten, der Film ist ja — stumm.

Die Bilder lernen aber bald sprechen. Am 23. Oktober 1927 wird in den Vereinigten Staaten — nach einigen Fehlschlägen — ein Film gezeigt, der sprechen und singen kann. Das Singen ist vorerst das Wichtigste: der Hauptdarsteller des Streifens ist der berühmte Music-Hall-Sänger Al Jolson.

Der Film hieß *Jazz Singer* und brachte der Herstellerfirma Warner allein in den Staaten 300 Millionen Dollar Reingewinn. „Hollywood wurde zu einer Art nationalem Leitbild." In der Depression der dreißiger Jahre „prägte es die Tagträume der Menschen".[44]

Nach Einbußen während des Zweiten Weltkriegs gewann Hollywood nach Kriegsende seine dominierende Position mit der Konsolidierung der Marktwirtschaft bald zurück. Um 1950 geriet die amerikanische Filmindustrie jedoch abermals in eine schwere Krise. Der Aufschwung des Fernsehens wirkte sich katastrophal auf die Kasseneinnahmen aus. Ein Viertel der Kinos in den USA mußte schließen. Hollywoods Produzenten versuchten, „der Konkurrenz des Fernsehens dadurch zu begegnen, daß sie jeden einzelnen ihrer Filme mit Attraktionen ausstatteten, die der Bildschirm nicht zu bieten vermochte"[45].

Oskar Werner schloß mit einem der größten Hollywood-Konzerne, der Twentieth Century Fox, einen Siebenjahresvertrag ab. Freunde, die das Produktionssystem in den USA kannten, hatten ihn gewarnt. Die Künstler verkauften sich mit den ellenlangen Vertragsformularen den mächtigen Studiobossen mit Haut und Haar. Hollywood wurde ja nicht umsonst „Traumfabrik" genannt: die Streifen wurden in den riesigen Studiohallen nach einer fast militärisch-präzisen Stabsplanung zu Dutzenden parallel gedreht, nicht selten mit denselben Darstellern in mehreren Sujets. Wer nicht gehorchte, wurde gefeuert, auch der Regisseur — zur selben Zeit in Europa voll als Künstler anerkannt — war nur ein ausführender Fachmann. Kreativität war nicht gefragt, eigene Gedanken hatte nur der Produzent zu haben. Aus heutiger Sicht ist es völlig klar, daß der sich immer mehr zum Individualisten entwickelnde Werner es keine sieben Jahre in Hollywood aushalten konnte. Er drehte hier — zunächst — überhaupt nur einen einzigen Film. Er hieß *Entscheidung vor Morgengrauen* (*Decision before Dawn*, 1951) und behandelte in einem für den heutigen Zuseher etwas zu pathetisch anmutenden Stil die heikle Problematik der Spionage. Das von Peter Viertel geschriebene Drehbuch wollte den deutschen Überläufern der letzten Kriegsmonate einen moralischen „Persilschein" ausstellen (Regie Anatol Litvak).

Der im Ich-Ton kommentierte Film beginnt mit einer abenteuerlichen Jeepfahrt des Erzählers, des amerikanischen Leutnants Richard Rennick, im winterlichen Deutschland des Jahres 1944. Rennick, der wegen seiner deutschen Abstammung einer Spezialabteilung des Geheimdienstes zugeteilt ist, macht, gerade auf dem Weg dorthin, zwei Gefangene: den deutschen Luftwaffensanitäter Karl Maurer und seinen verletzten Kameraden Paul. Bald darauf erfährt der Leutnant seine neue Aufgabe: er soll deutsche Kriegsgefangene zu Spionen ausbilden. Die aus verschiedenen Motiven sich freiwillig meldenden ehemaligen deutschen Soldaten werden nach der Einschulung wieder in ihre alte Uniform gesteckt, mit falschem Soldbuch ausgestattet und per Fallschirm in die von der Wehrmacht noch gehaltenen Gebiete des Reiches abgesetzt, um Einzelheiten über deutsche Reserveeinheiten auszukundschaften. Das Ende des Krieges ist schon fast jedem klar — weitere Blutopfer auf beiden Seiten könnten durch die Einsetzung dieser Agenten vermieden werden. Der Sanitäter Maurer, „ein Zwanzigjähriger, mit einem verträumten, traurigen Gesicht"[46], meldet sich nach einigem Zögern auch bei den Amerikanern, bekommt den Decknamen „Happy" und wird zum Orten einer Panzerdivision eingesetzt. Seine Überzeugung, einem zukünftigen neuen Deutschland zu dienen, hilft ihm, seine Zweifel beim Einsatz gegen sein eigenes Volk zu bekämpfen.

Die traurige und gefährliche Reise Happys durch zerbombte deutsche Städte, seine Begegnung mit einer vom Krieg entwurzelten jungen Frau namens Hilde und seine Flucht, als er letztlich in den Fahndungslisten der Gestapo aufscheint, ergeben die Handlung des Films. Happy beschafft die verlangten Informationen und gibt sie Rennick weiter, den er heimlich in Mannheim trifft. Als beide durch den Rhein schwimmen müssen, um wieder auf die amerikanische Seite zu gelangen, erkennt Happy, daß er es nicht schaffen wird, im eiskalten Wasser das andere Ufer zu erreichen. Um die Mission zu retten, läuft er den deutschen Verfolgern entgegen und lenkt sie damit von Rennick ab. Der kommt durch und erzählt seinen erschütterten Kameraden Happys aufopfernde Tat. Der blutjunge Fahrer des Leutnants kommentiert aber nur kurz und bündig die Geschichte: Es sei schade um den jungen Deutschen, aber er sei schließlich nur einer von vielen Toten.

Oskar Werner verlieh Happy seine ganze ätherische Persön-

lichkeit. Die vielen Nahaufnahmen des schwarzweiß gedrehten Films haben jedes Zucken seines beredten Gesichtes einge-
fangen und für die Nachwelt erhalten. In dem fast dokumenta-
risch anmutenden realistischen Film mit seinen Vollblutfigu-
ren geistert Werner wie eine Traumgestalt durch das verwüste-
te Deutschland. Obwohl er die üblichen Kriegsabenteuer dieses Filmgenres und äußerst handfeste Begebenheiten zu spielen
hat, gelang es ihm, neben der äußeren Handlung des Films
auch eine innere — vielleicht eigene — mitzugestalten. Das
Drehbuch eines Hollywood-Filmes aus dem Jahr 1951 ist gewiß keine psychologische Doktorarbeit, trotzdem wird Happy durch Werners nervöse, ja hysterische Seelensprache zu
einer vielschichtigen Figur. Äußerlich der immer gefaßte, auf
starkem ethischem Grund stehende junge Intellektuelle — im
Inneren der Schrei nach dem Warum und Wieso.

Hildegard Knef als Hilde und O. E. Hasse als herzkranker
deutscher Oberst, dessen Leben von Happy aus Sanitäter-Ehre
gerettet wird, waren wertvolle Partner. Der amerikanische
Film konnte getrost aus dem großen Reservoir der deutschen
und österreichischen Schauspieler schöpfen.

Trotz des großen Erfolges von *Entscheidung vor Morgengrau-
en* kam es zu keiner weiteren Vertragserfüllung: Werner lehn-
te mehrere Projekte „als Verrat am guten Geschmack" ab.[47]
Die Hollywood-Bosse vertanden die Welt nicht mehr. Ihr neuer Star stand an der Schwelle einer Weltkarriere — und führte
künstlerische Diskussionen! Diskussionen haben gewisse Voraussetzungen, in dieser Diskussion fehlte die elementarste: die
Partner sprachen nicht dieselbe Sprache. Nicht im engen Sinn
des Wortes, Werner konnte sich zu dieser Zeit fließend englisch verständigen, doch die amerikanischen Filmemacher
sprachen von *Ware* und Werner sprach von *Kunst*. „Ich war da
sehr altmodisch", berichtete er nach genau 20 Jahren. „Ich habe wirklich an die Wurzel geglaubt und an das Gesetz, nach
dem ich angetreten war ... und ich habe gemerkt, daß man in
Hollywood mit mir Filme machen will, als ob man mich im

14 Als Traumgestalt im verwüsteten Deutschland:
Happy in *Entscheidung vor Morgengrauen*, 1951

15 Probenpause bei *Hamlet* (Theater in der Josefstadt, 1956) mit
    Robert Werner, Jürgen Wilke und Lothar Müthel (von l. nach r.)

16 Inmitten guter Freunde: Franz Höbling, Werner Krauß und
    Gertrud Kückelmann

17   Ein *Mozart* wie aus dem Bilderbuch (1955)

18 Liebe, die nicht stattfinden darf. Mit Johanna Matz *(Mozart)*

19 In der Uniform der guten alten Kaiserzeit: *Spionage*, 1955,
mit Gerhard Riedmann

20 Der Student als Liebhaber in Max Ophüls' *Lola Montez*, 1955

21 Voll von Optimismus vor dem Innsbrucker Abenteuer, mit Annemarie Blanc, Gertrud Kückelmann und Elisabeth Orth (von l. nach r.)

22 Zwei aus dem zärtlichen Trio in *Jules und Jim*, 1961, mit Jeanne Moreau

23 Ein Leben lang gerne im Kaffeehaus

24 Der zum König gereifte Prinz in *König Heinrich IV.*, 1960

Drugstore entdeckt hätte, und da habe ich gesagt: ‚Schauen Sie, mit Mickey-Mouse und Rin-Tin-Tin kann man auch Filme machen, die waren auch Movie-Stars, aber die können nicht Shakespeare spielen . . .'"[48]

Man sprach von einem Prozeß, drohte gegenseitig mit Anwälten und ließ die Sache genüßlich durch die Presse gehen, um letztlich den Vertrag einvernehmlich zu lösen. Werner kaufte sich in Triesen im Steuerparadies Liechtenstein ein Haus, wo er für sich und für seine beachtliche Bibliothek ein Heim, ein Refugium — ein Versteck fand. Er kapselte sich ab, Besucher waren unerwünscht. Oskar Werner war in einer Krise, und er wollte allein sein.

„Dies über alles: sei dir selber treu."
Shakespeare: Hamlet 1., 3.

AM ZENIT

Oskar Werner stand vor seinem 30. Lebensjahr. Sensible Männer erschrecken meist vor dem vierten Jahrzehnt. Der Frühling des Lebens ist vorbei, die erste Rechenschaft ist fällig. Das Erreichte und Geleistete muß dem Erträumten der Jugendzeit standhalten. Mit dreißig ist man endgültig und unwiderruflich erwachsen geworden.

Nun, Werner hatte keinen Grund, einem Lebensresümee aus dem Wege zu gehen. In seiner Heimatstadt hatte er es zum gefeierten Burgtheaterschauspieler gebracht, und durch einen einzigen Film war er auch international bekannt geworden. Er hatte Geld und konnte frei von jedem Zwang wählen, was — und wo — er demnächst spielen wollte. Dennoch war er unzufrieden. Er fühlte, in eine Sackgasse geraten zu sein. Er war auf der Flucht und auf der Suche zugleich. Es war eine innere Reise, Werner widmete sich nur seinen Büchern. Aber er wäre kein Schauspieler gewesen, wenn er sich nicht eine große Rolle als Therapie gewählt hätte. Ob er unbewußt gewählt hat oder erst nach manch schlafloser Nacht aufs Richtige gestoßen war, hat Werner nie verraten: „Ich habe mich jeden Morgen ... an den Schreibtisch gesetzt und habe *Hamlet* auswendig zu lernen angefangen. Das war, wie wenn ich den Reißverschluß aufgemacht hätte — wieso habe ich das vorher nicht studiert?"

In diese depressive und gleichzeitig kämpferische Phase drang der Ruf eines Freundes und Förderers. Lothar Müthel, der Burgtheaterdirektor jener glücklichen Tage des Erstengagements, war Schauspieldirektor an den Städtischen Bühnen in Frankfurt geworden. Er bat Werner zu sich. Und ihm gegenüber konnte der Krisengeschüttelte sich öffnen, sich bekennen.

Werner erzählte Lothar Müthel, daß er nicht mehr Schauspieler sein wolle. Er habe ein künstlerisches Stadium erreicht, wo er der Konstellation, die Film und Theater anbieten, nicht mehr gerecht werden könne. Es sei ihm unmöglich, auf Abruf zu spielen, noch weniger auf Anruf wie ein „Callgirl", er wolle „ein richtiger Schauspieler werden". Müthel erweist sich als glänzender Psychologe und tüchtiger Schauspieldirektor. Er bietet Werner den *Hamlet* an. Er ist bereit, seinen Spielplan umzustellen, in einer Woche wäre Probenbeginn.

Aus der Szene mit dem Totengräber in *Hamlet* geht hervor, daß der Prinz aus Helsingör dreißig Jahre alt ist. Oskar Werner ist, als Müthel ihm die Rolle anbietet, ebenfalls dreißig. Ein gutes Omen.

In einem der wenigen längeren Fernsehinterviews, die Werner gegeben hatte, schilderte er mit besonderer Akribie dieses Gespräch mit dem Frankfurter Direktor. Er ging noch weiter und setzte der ohnehin fast anekdotisch anmutenden Szene eine Pointe auf: „Ich habe auf die Uhr geschaut, und es war zehn vor zwölf ... Bitte eine Flasche Sekt ... Herr Müthel, in zehn Minuten ist mein 30. Geburtstag zu Ende ... Ich habe an meinem 30. Geburtstag den *Hamlet* abgeschlossen."[49]

Um wieder Objektivität bei der Statistik zu suchen: Vom zeitlichen Ablauf her stimmt die Geschichte haargenau. Die Frankfurter Premiere war am 5. Januar, und wenn ein Stück intensiv probiert wird, reichen sieben Wochen Probezeit voll aus ... Eines ist sicher: wenn Oskar Werner die Begebenheit erzählt — und sei es nur via Fernsehschirm —, man glaubt sie ihm aufs Wort.

Müthel, der *Hamlet* schon vor dem Zweiten Weltkrieg mit
Gründgens in Berlin inszeniert hatte, übernahm selbst die Regie. Werner, mit neuem Mut und neuer Tatkraft, arbeitete wie
besessen. Das Ergebnis lag über jeder Erwartung. Bevor Kritikerlob zitiert wird, sollen die trockenen Zeilen der Meldung
der Deutschen Presse Agentur als Motto über dem kulturellen
Ereignis stehen: „Der junge österreichische Schauspieler Oskar
Werner hatte im kleinen Haus der Frankfurter Städtischen
Bühnen als Hamlet einen großen Erfolg. Das Premierenpubli-
kum dankte dem durch seine Hauptrolle in dem amerikanischen Film *Entscheidung vor Morgengrauen* schnell bekannt gewordenen, aus der Schule des Wiener Burgtheaters hervorge-
gangenen Nachwuchsdarsteller durch einen Applaus, der zahl-
reiche Vorhänge notwendig machte."

Am 25. März 1953 berichtete für die Wiener Tageszeitung
„Neues Österreich" kein geringerer als Franz Theodor Csokor
über die Frankfurter Erfolgsserie: „Dieser junge Wiener Schauspieler ... erschüttert seit Monaten das sonst so kühle und kritische Publikum der Goethestadt — reißt es zu unerhörten Bei-
fallsausbrüchen hin." Werner schien sich mit der Rolle des Dä-
nenprinzen so stark identifiziert zu haben, daß seine eigenen
Zweifel an sich selbst, an seinem Beruf und an der ständigen
Vermarktung dieses Berufes mit den gänzlich aus einer anderen Zeit stammenden Problemen des Hamlet unteilbar ver-
schmolzen. Csokor faßt diese Inkarnation mit einer knappen
Feststellung zusammen: „Er spielt den Hamlet nicht, er ist
Hamlet!"

Durch die intellektuelle Auseinandersetzung mit Stück und
Text war der leider sehr oft als „Arie" mißverstandene Sein-
oder-Nichtsein-Monolog bei Werner „kein schmerzliches Pa-
radestück, sondern eine nüchterne Untersuchung des eigenen
Zustandes — eine Art seelische Bestandsaufnahme."

Das Wiener Publikum mußte drei Jahre warten, bis es in den
Genuß kam, Werners Hamlet am Theater in der Josefstadt zu
erleben. Eine andere, gleichermaßen aufregende und künstle-

risch erregende Begegnung mit dem Schauspieler gab es aber schon im Oktober 1955.

Der 15. Mai 1955 war für alle Österreicher ein großer und denkwürdiger Tag: im Schloß Belvedere unterzeichnete die Außenministerkonferenz der vier Besatzungsmächte feierlich den Staatsvertrag. Österreich war frei. Tausende von Wienern drängten sich im barocken Garten zur Schloßfassade, um den Moment zu erhaschen, als Leopold Figl vom Balkon des Belvedere das Dokument herzeigte. „Bei dem anschließenden Gala-Souper in Schönbrunn kam es noch zu einer unvermuteten Restauration durch die Verwendung der alten kaiserlichen Porzellane und Eßbestecke ...“[50] Dem „Familienfest“ in den Prunkräumen der ehemaligen Habsburger Residenz waren zähe Verhandlungsjahre vorausgegangen. Leopold Figl, zunächst als Bundeskanzler, dann als Außenminister, und sein Nachfolger im Kanzleramt, Julius Raab, hatten die nach dem Tode Stalins entstandene sowjetische „Liberalisierung“ geschickt zu nutzen verstanden.

Österreich war wieder ein freier, souveräner Staat, und die Wiener wünschten nun auch die Wiedereröffnung des so geliebten Staatsopern- und des Burgtheatergebäudes.

Im Juni 1954 wurde Josef Gielen nach dem „üblichen und widerlichen“[51] Nachfolgespiel durch Adolf Rott in der Direktion ersetzt. Gielen stand weiterhin als Regisseur dem Haus zur Verfügung.

Rott hatte verbissen dafür gekämpft, das Burgtheater vor der Staatsoper zu eröffnen. Er begründete sein Vorhaben mit dem Umstand, daß „das Hofburgtheater zu Kaisers Zeiten stets vor der Oper rangierte ... Dieses Privileg des Burgtheaters leitete sich aus der Zeit her, da es architektonisch noch ein Bestandteil der Hofburg war. So wurde z. B. der Titel ‚Hofburgschauspieler‘ den hervorragendsten Mitgliedern des Hauses vom Kaiser als Auszeichnung verliehen.“[52] Rott ist es gelungen, die Priorität zu erkämpfen, das Burgtheaterfest fand fast drei Wochen früher statt als sein Pendant in der Oper. 114 Millionen

Schilling betrugen die Kosten für Wiederaufbau und technische Modernisierung der „Burg". Nach einer offiziellen Eröffnungsfeier am 14. Oktober 1955 kam es am nächsten Tag im neuen alten Haus zur ersten Vorstellung von Grillparzers *König Ottokars Glück und Ende* in der Inszenierung des amtierenden Direktors.

Vor der Premiere, die nicht nur zu einem kulturellen, sondern auch zu einem gesellschaftlichen Ereignis wurde, kam es noch einmal zu einem feierlichen Moment. Die „Österreichische Neue Tageszeitung" schilderte ihn mit gebührendem Pathos: „Um Punkt 19.05 Uhr geht ein kurzes Raunen durch das Publikum, daß sich sodann spontan von den Sitzen erhebt, als der Bundespräsident seine Loge betritt. Im selben Augenblick gleitet lautlos der schwere graue Samtvorhang auseinander, und in seiner Öffnung steht hoch aufgerichtet und in majestätischer Ruhe Hedwig Bleibtreu; ihr bodenlanger, schwarzer Samtmantel bildet schwere Falten auf dem grauen Boden. Nur beim genauen Hinsehen sieht der Zuschauer am wechselnden Funken des Diamanten an ihrer Hand, daß Hedwig Bleibtreus Hände zittern, als sie mit ihrer tiefklingenden Stimme jenen Prolog zu sprechen beginnt, den Schiller zur Wiedereröffnung des Weimarer Theaters schrieb."

Die Kritiker waren sich aber schon damals einig, daß die tatsächliche Wiedereröffnung des Burgtheaters erst acht Tage später stattfand. Die Grillparzer-Premiere war das gesellschaftliche Ereignis, mit lauem Applaus und ebenso lauen Stückbesprechungen. Man wollte die feierliche Stimmung nicht schmälern, hatte aber vorsichtige Einwände. Am 22. Oktober kam es zur 2. Premiere im neuen Haus — und damit folgte das künstlerische Ereignis. Josef Gielen inszenierte Schillers *Don Carlos* mit Werner Krauß, Oskar Werner, Fred Liewehr, Hilde Mikulicz und Judith Holzmeister in den Hauptrollen. „Das Fest hatte Verspätung", betitelte Hans Weigel seine Kritik im „Bild-Telegraf" und schrieb einleitend: „. . . diesmal war nicht die Pause das große Erlebnis und nicht die Rathausbeleuchtung eine ernsthafte Konkurrenz ... diesmal wurde in unserem herrlichen Theater herrlich Theater gespielt." Und Friedrich Torberg im „Neuen Kurier" fand noch schärfere Worte: „... wir hätten es uns sehr gewünscht, daß der Direktor des Burgtheaters, wenn er schon großzügig genug war, einem anderen Regisseur das bessere Stück zu überlassen, auch die Großzügigkeit besessen hätte, das schlechtere Stück einem anderen Regisseur zu überlassen ..."

Gielens Inszenierung wurde von Kritikern dieser Größenordnung so heftig und ostentativ gelobt, daß ein auch im Wiener Kulturdschungel unerfahrener Beobachter klar erkennen konnte, wen die Herren am liebsten am Kapitänsdeck des Burgtheaters gesehen hätten.

Der Abend stand im Banne zweier Schauspieler. Werner Krauß als König Philipp von Spanien und Oskar Werner als sein Sohn Carlos machten aus dem Stück „die kürzesten vier Stunden, die eine Klassikeraufführung je gedauert hat". Diese Vorstellung ist heute so legendär, daß man fast zu glauben geneigt ist, die Augenzeugen selbst wollten in nostalgischer Übertreibung legendenbildend wirken. Die Rezensionen in allen Zeitungen allerdings, großteils von bereits damals namhaften Schriftstellern geschrieben, dienen als lebendig gebliebene Dokumentation dieses Höhepunktes theatralischer Manifestation: „Oskar Werner ist vom Film nicht verdorben, er kommt wie durch Leid gereift zum Theater zurück. Er ist so herrlich knabenhaft und so erschütternd gefährdet, er hat alle Wirkung des großen Tragöden ..., er ist der große beglückende Gewinn der Vorstellung. Werner Krauß und er scheinen wirklich Vater und Sohn auch in der meisterlichen Art, Verse im klassischen Stil und doch im neuen Geist zu sprechen. Der König Philipp des Werner Krauß: auf der deutschen Bühne unserer Tage wohl kaum überbietbar in dem souveränen Einsatz seiner großen schauspielerischen Magie" (Hans Weigel). „Werner hat in Sprache und Bewegung schillersches Melos des Prinzlichen und den Schmelz der Jugend. Man glaubt ihm den Ge-

BURGTHEATER

Samstag, den 22. Oktober 1955

FESTLICHE WIEDERERÖFFNUNG

2. Abend

Neu einstudiert und in Szene gesetzt

DON KARLOS

Infant von Spanien

Ein dramatisches Gedicht in fünf Akten von S c h i l l e r

Philipp II., König von Spanien	Werner Krauß
Elisabeth von Valois, seine Gemahlin . . .	Hilde Mikulicz
Don Karlos, der Kronprinz	Oskar Werner
Alexander Farnese, Prinz von Parma, Neffe des Königs	Albert Rueprecht
Infantin Klara Eugenia, ein Kind von drei Jahren	Monika Paal
Herzogin von Olivarez, Oberhofmeisterin .	Vera Balser-Eberle
Marquisin von Mondekar ⎱ Damen . . .	Beatrix Degenschild
Prinzessin von Eboli ⎰ der . . .	Judith Holzmeister
Gräfin Fuentes ⎰ Königin . . .	Antonia Mittrowsky
Marquis von Posa, ein Malteser- ritter	· Fred Liewehr
Herzog von Alba	Fred Hennings
Graf von Lerma	Felix Steinböck
Herzog von Feria, Ritter des Vließes	Paul Pranger
Herzog von Medina Sidonia, Admiral	Otto Treßler
Don Raimond von Taxis, Oberpostmeister	Otto Kerry
Domingo, Beichtvater des Königs	Heinz Moog
Der Großinquisitor des Königreichs	Raoul Aslan
Der Prior eines Kartäuserklosters	Hans Thimig
Ein Page der Königin	Moritz Milar
Zweiter Grande	Josef Wichart
Erster Grande	Peter Kreuziger
Offizier der Leibwache	Michael Janisch

(Herzog von Alba, Graf von Lerma, Herzog von Feria, Herzog von Medina Sidonia, Don Raimond von Taxis: Granden von Spanien)

Damen und Granden. Pagen. Offiziere. Die Leibwache und
verschiedene stumme Personen

Regie: Josef Gielen
Bühnenbilder und Kostüme: Stefan Hlawa
Technische Einrichtung: Sepp Nordegg

Nach dem dritten Akt eine größere Pause

Kasseneröffnung 18 Uhr   Anfang 19 Uhr   Ende nach 23 Uhr

Preis des Programms S 3,—

zeichneten und das Genie" (Oskar Maurus Fontana). „. . . wie da zwei Vereinsamte in immer kältere Einsamkeiten hinabfroren, bis ihren klammen Fingern alle Freundschaft und Liebe hoffnungslos entglitt: das war im großen Spiel noch ein eigenes und so erregendes Widerspiel, daß man es in solcher Vollendung wohl kaum auf einer zweiten Bühne zu sehen bekommen wird" (Friedrich Torberg). Und als Schlußsatz die „Österreichische Neue Tageszeitung": „Das Publikum feierte dieses Ereignis mit stürmischen Ovationen, die fast an das geheiligte Vorhangsverbot dieses Hauses zu rütteln schienen."[53]

Dem ist nichts hinzuzufügen. Bessere, schönere, ergreifendere Worte über Schauspieler sind wohl selten geschrieben worden. Oskar Werner ist — drei Wochen vor seinem 33. Lebensjahr — in schwindelnde Höhen gehoben worden. In der Stratosphäre des Ruhmes ist aber Kälte und Einsamkeit oft der einzige Weggefährte des Erhobenen und — von oben herab werden die übrigen Menschen zu Zwergen, ja Ameisen. Doch wehe, wenn man sie als solche behandelt. Es gibt einen urwienerischen Ausdruck: „Wadlbeißer." Nun, Zwerge können einen Riesen bestenfalls in die Waden beißen, höher langen sie nicht. Der Biß tut aber dennoch weh.

Werner scheint aber an Wien noch nicht zu leiden. Vielleicht schützt ihn seine Jugend. Einige Jahre später wird er jedoch schon öffentlich über die Haßliebe zu seiner Heimatstadt sprechen. Vorerst aber wird gearbeitet. Das Haus in Liechtenstein steht wieder leer, die erste Depressionsphase ist überwunden. Werner dreht im selben Jahr vier Filme, allerdings nicht in Hollywood, sondern in Österreich und Deutschland. Der überfüllte Terminkalender, die Arbeitswut dürfen aber nicht darüber hinwegtäuschen, daß der Schauspieler im Liechtensteinschen Exil wohl sehr viel nachgedacht hat. Als er beschloß, weiterhin auf der Bühne oder vor der Kamera zu stehen, hat er sich anscheinend nur für ihn selbst gültige Maximen gesetzt. Diese hat er — ähnlich wie sein Wien-Syndrom — in späteren Jahren so oft und so beharrlich wiederholt, daß jeder Journalist aus drei Interviews unschwer ein viertes basteln könnte, ohne daß es auffiele. 1955 begann Werner, seine Gedanken öffentlich preiszugeben, nur waren es damals noch keine Sprüche, die immer neu geklopft wurden, sondern Ansichten eines, wie in der Theaterwelt oft ironisch charakterisiert wird, „denkenden Schauspielers".

„Er ist ein Romantiker und ein Realist und immer ein Besessener, wenn es um seinen Ruf als Schauspieler geht. Und außerdem ist er ein Wiener", schrieb man in einer Berliner Zeitung über ihn, „das heißt, von verbindlicher Liebenswürdigkeit und einem jungenhaften Charme, hinter dem man am allerwenigsten seine unbequeme Starrköpfigkeit vermutet, die sich sofort meldet, wenn es um Grundsätzliches in der Kunst geht." Werner nennt hier die Schauspielkunst als „das entscheidende Gegengewicht einer enthumanisierten Zeit", und er spricht zum ersten Mal über sein „Zukunftsideal": Er will mit einer eigenen Truppe junger Schauspieler nach Art von Jean-Louis Barrault auf vier Monate im Jahre auf Tournee gehen, um „künstlerisch etwas zu wagen". Er vergleicht seine Traumtruppe mit einem Kammerorchester für Liebhaber, „das völlig ungebunden und unbeeinflußt keine Kompromisse zu schließen braucht".[54] Der Ruf nach der Freiheit, nach dem eigenen Ensemble: 1955 ein schöner Traum, 1983 das böse Ende ...

Im Jahr 1956 ist Oskar Werner noch in Wien. Die Leitung des Theaters in der Josefstadt hatte sich zu einem spielplanpolitischen Experiment verleiten lassen. Die ehemalige Reinhardt-Bühne stieß damit in ein Gebiet vor, in dem sie nicht heimisch war und in dem sie der Konkurrenz der gewichtigen Bühnen des deutschen Sprachraums ausgesetzt war: sie spielte den *Hamlet*. Das Theater in der Josefstadt erhält wesentlich geringere Subventionen als die Staatsbühnen Österreichs und ist dadurch viel mehr auf die Publikumsgunst angewiesen. Man wollte also auf „Nummer sicher" gehen und holte Werner für die Titelrolle. Wenn das sachliche, merkantile Frankfurt ihm in dieser Rolle zu Füßen lag, wie würde dann erst das Wiener

Publikum, das ja seit jeher Schauspielerpersönlichkeiten vergötterte, reagieren? Mit Werner kam auch sein Regisseur, Lothar Müthel. Und beide erfüllten die in sie gesetzten Erwartungen. Bereits 14 Tage vor der Premiere standen die Wiener an der Tageskassa Schlange. Zeitungsberichte wie „Brausender Jubel für Oskar Werner" oder: „... in seiner fanatischen Durchdringung der Gestalten heute wahrscheinlich auf der deutschsprachigen Bühne unerreichter Darsteller ..."[55] waren diesmal fast vorprogrammiert.

Friedrich Torberg aber ist weitergegangen, er wollte nicht nur das Dargestellte beurteilen, sondern auch dem Zusammenwirken von Regie und Schauspielkunst nachgehen bzw. es für die Leser — und für die Nachwelt — verständlich machen. („Neuer Kurier", 3. September 1956). Er stellte gar nicht die müßige Frage, inwieweit die Konzeption der Inszenierung von Müthel aus entstanden war und inwieweit sie ohne Oskar Werner Bestand gehabt hätte, es ging Torberg um den Ausgangspunkt der Rollenauffassung, um den Schlüssel und den Zugang zu diesem so vielschichtig deutbaren Stück.

Torberg meint, diesen Schlüssel in der 5. Szene des 1. Aktes gefunden zu haben: Hamlet legte sich nach der Begegnung mit seines Vaters Geist die „Wahnsinnsmaske" bereits hier an, „in jähem, beinahe bübisch erruptivem Entschluß, so als wollte er mit seinen Spielgefährten aus Trotz und Laune nicht mehr weiterspielen." Torberg geht noch tiefer und glaubt sogar, daß nur ein einziger Satz aus dieser Szene der leitende Grundgedanke wäre: „Der Satz, in dem das Ereignis dieser *Hamlet*-Aufführung sich ankündigt, fällt ... nach dem Verschwinden des Geistes und nachdem Horatio und Marcellus von Hamlet zum Schweigen verpflichtet wurden. ‚Es lebt kein Schurk' im ganzen Dänemark ...': die Bedeutsamkeit, mit der Oskar Werner zu dieser Eröffnung ausholt, zielt noch unverkennbar auf den königlichen Mörder. Dann, plötzlich, kommt eine kurze kleine Pause, ein kleines Kippen des Tonfalls — und die Fortsetzung (‚... der nicht ein ausgemachter Bube wär') spricht schon ein anderer und spricht sie schon hinterm luftig herabgelassenen Schleier des Wahnsinns hervor."

Ein Satz soll noch zitiert werden. Er stammt vom Kritiker der „Österreichischen Neuen Tageszeitung", Ernst Wurm (2. September 1956). Selten hat die Tagespresse einen so — man kann getrost sagen — prophetischen Satz geboren: „In diesem Künstler sind heftige, ringende, entschlossene Wesenszüge lebendig. Er wird sich nicht mit dem Ruhm des bürgerlichen Mimen zufrieden geben — denn er sucht den Menschen, das Ebenbild der Wahrheit ..."

„Ich habe niemand — niemand —
Auf dieser großen, weiten Erde niemand."
Schiller: Don Carlos 1., 2

INTERMEZZO

Bevor Josef Gielens Ruf Oskar Werner wieder ans Burgtheater und zu *Don Carlos* brachte, drehte er, wie bereits erwähnt, vier Filme. Alle diese Streifen hatten 1959 ihre Premiere, die beiden ersten wurden teilweise noch 1953 begonnen. Es ist nicht uninteressant, daß drei von diesen Filmen in Werners Heimat gedreht wurden.

Mit der Konsolidierung der allgemeinen Lebensumstände trat auch in Österreich eine gewisse Gesundung der Filmindustrie ein. 1953 wurden 28, 1954 22 und 1955 wiederum 28 Filme gedreht! Eine stolze Anzahl für ein so kleines Land. Der Absatzmarkt ist aber der gesamte deutsche Sprachraum, vor allem aber die Bundesrepublik Deutschland. Auch wenn man den Film in den fünfziger Jahren schon ganz selbstverständlich als „siebente Kunst" verstand, er blieb eine Ware. Und beim Kauf einer Ware stellt der Käufer die Bedingungen. So kam es schon sehr früh zu der bis heute andauernden „totalen finanziellen und künstlerischen Abhängigkeit vom deutschen Verleih und Vertrieb".[56] Zwischen 1950 und 1955 wurden mehrere Dutzend Lustspiele und Schwänke gedreht. Ein anderes Genre widmete sich der sogenannten guten alten Zeit; im Film feierte das kaiserliche Wien eine — meist recht verlogene und sentimentale — Wiederauferstehung (*Kaiserwalzer*, 1953; *Die Deutschmeister*, 1955).

Mit *Erzherzog Johanns große Liebe* (1950) hatte O. W. Fischer in der Titelrolle eine so große Popularität erlangt, daß er dem Burgtheater 1952 endgültig Adieu sagen konnte. Hans Weigel wetterte in einem offenen Brief in den „Salzburger Nachrichten" dagegen: „Auf der Bühne würden Sie die Mittäterschaft an Unsinn und Kitsch solcher Art mit Recht ablehnen; warum schweigt dieses künstlerische Gewissen im Atelier?"[57]

Es ist nicht angebracht, an dieser Stelle Vergleiche zwischen zwei prominenten Filmschauspielern zu ziehen, aber aus der Sicht des resümierenden Betrachters steht fest, daß Oskar Werner von den rund 20 Filmen, die er in seinem Leben gedreht hat, nur bei dreien der Weigelschen Schelte ausgesetzt gewesen wäre.

Einer der wenigen, auch international anerkannten österreichischen Filme der fünfziger Jahre ist *Der letzte Akt* (Premiere 14. 4. 1955). Durch glückliche Fügung war ein erstklassiges Team zustande gekommen. Das Drehbuch nach einer Filmnovelle von Erich Maria Remarque stammt von dem Wiener Schriftsteller Fritz Habeck, der die jüngere Geschichte Österreichs so meisterhaft in seinen Romanen einzufangen wußte. Der berühmte Regisseur G. W. Pabst inszenierte, und Albin Skoda, Oskar Werner, Erik Frey und Lotte Tobisch spielten die Hauptrollen. Der Film schildert den „letzten Akt" des Zweiten Weltkriegs — den Untergang des Dritten Reiches. Mit dramaturgischer Raffinesse konzentriert sich die Handlung auf den Bunker unter der Reichskanzlei, in dem Hitler — Oberster Befehlshaber der deutschen Wehrmacht — immer noch vom Sieg träumt, obwohl die Niederlage längst besiegelt ist und die russischen Geschütze bereits zu hören sind. Der „größte Feldherr aller Zeiten" operiert mit Armeen, die es längst nicht mehr gibt, und opfert zuletzt in seinem Cäsarenwahn noch Hunderte von Menschen, die sich in die zu Luftschutzkellern umfunktionierten S-Bahn-Stationen geflüchtet hatten, indem er die Schächte durch Sprengung überfluten läßt.[58] In dem im Dokumentarcharakter gedrehten Film spielte Werner — wieder einmal — einen jungen Hauptmann, der von der zusammenbrechenden Front ins Hauptquartier geschickt wird, um Verstärkung für die Armee Busse zu erbitten. Als er nach tagelangem Warten an den Allgewaltigen herankommt — er hat den Auftrag, direkt mit Hitler zu sprechen —, versucht er, ihn zur Zurücknahme des gerade gegebenen Sprengbefehls für die S-Bahn-Station zu bewegen. „Doch die energisch vorgetragene Forderung wird mißverstanden — Wüst wird von den Kugeln der herbeigeeilten SS-Wache getroffen."[59] Die letzten Worte des Sterbenden haben durch Werners „von feiner Menschlichkeit"[60] getragenen Darstellung fast sprichwörtliche Popularität erlangt: „Sag nicht jawoll, sag nie wieder jawoll, damit hat der ganze Mist angefangen ... seid wachsam ... "

Der Film wurde vielfach ausgezeichnet und fast in der ganzen Welt gezeigt; in den USA wurde er „als erster deutschsprachiger Film vom Columbia-Konzern — der auch den Weltvertrieb übernommen hatte — verliehen."[61]

Nur fünf Tage nach der Premiere von *Der letzte Akt* fand schon die nächste statt. In dem Film *Spionage* (19. April 1955) spielte Werner diesmal einen Leutnant, aber aus einer anderen Epoche. Das von Alexander Lernet-Holenia und Kurt Nachmann geschriebene Drehbuch befaßte sich mit der berühmtberüchtigten Oberst-Redl-Affäre und fiel „neben den operettenhaften Bewältigungsversuchen der letzten Jahrzehnte der Monarchie in diversen ‚Kaiserfilmen' ... besonders auf".[62] Franz Antel, dem Regisseur von *Spionage,* der selbst einige dieser Unterhaltungsfilme inszeniert hatte, gelang es diesmal, die k. u. k. Zeit aus ganz anderer Sicht einzufangen und zu gestalten.

Als Werner 1977 nach vielen abgesagten Rollen sich bereit erklärte, mit Antel einen Film zu drehen, in dem er einen „zaristischen Offizier" spielen sollte (das Projekt wurde wie so viele andere nie verwirklicht), antwortete er in einem Interview auf die Frage, warum er gerade mit diesem Regisseur nach so langer Zeit wieder vor der Kamera stehen würde, mit einer Anekdote aus der Zeit der Dreharbeiten zu *Spionage:* „Ich erinnere mich ganz genau, als ich da die Disposition für den ersten Tag bekam. Es hieß da, man würde mit Szene 5 beginnen. Das war für mich Unsinn, weil im Grund alle Szenen dieses Blocks in der Suite des Oberst Redl im Hotel Sacher spielten. Warum also nicht chronologisch beginnen? Also: ich möchte mit Franz Antel sprechen, doch er war ausgegangen. Es wird ein Uhr morgens. Zwei Uhr. Drei Uhr. Ich bin nicht mehr der Nüchternste. Endlich taucht Antel auf, man sieht ihm an: auch er kommt nicht gerade vom Yoga. Ich gehe auf ihn zu und sage: ‚Herr Antel, ich bitte Sie, kann man nicht mit Szene 1 anfangen?' Er ziert sich überhaupt nicht und sagt: ‚Selbstverständlich.' "

Bei Drehbeginn am nächsten Tag mußte Ewald Balser, der den Oberst spielte, erst die Texte der umgestellten Szenenfolge lernen, der Beginn verzögerte sich. Und das beim Film, wo jede verlorene Minute viel Geld kostet. „Rückwärts beginnt schon einer, über mich, den Oskar Werner, zu schimpfen. Eine Stunde später: wir beginnen. Ich, der Redls homosexuellen Freund zu mimen habe, sitz' da — im offenen Hemd. Da fällt mir was ein: ich bitte um ein kleines, goldenes Ketterl. Das häng' ich mir um. Denn es deutet alles an. Sehen Sie: hätten wir mit Szene 5 begonnen, dann hätte dieses wichtige Detail gefehlt."[63]

Nur eine kleine Geschichte, die durch den zeitlichen Abstand vielleicht mit Pointen angereichert wurde. Aber sie zeigt deutlich, wie beharrlich Werner sein konnte, wenn es ihm um die Gestaltung einer Rolle ging. Das mag wohl auch einer der Gründe gewesen sein, warum er mit den Hollywood-Filmbossen immer wieder in Auseinandersetzungen geraten war: Was für den Wiener Franz Antel den Verlust einer Stunde Drehzeit zugunsten eines zusätzlichen psychologischen Details für eine Rolle bedeutete, hätte in der perfekten Maschinerie des amerikanischen Films einen Skandal hervorgerufen.

Jede Chance, die darzustellende Figur frei zu entwickeln, bekam Werner dagegen vom Regisseur seines nächsten Films, von Karl Hartl. Der Streifen lief in Deutschland unter dem aus Don Giovanni entliehenen Titel *Reich mir die Hand, mein Leben;* für Österreich genügte der schlichtere, dafür aber mit mehr Aussagekraft behaftete Titel: *Mozart.* Werner spielte die Titelrolle des in „Eastman-Colour" gedrehten Films und konnte wieder einmal seine Feinnervigkeit und intellektuelle Doppelbödigkeit in eine recht konventionelle Geschichte einbringen (Premiere 20. Dezember 1955). 1955 war die Zeit noch nicht reif, sich mit dem Komponisten im Medium Film kongenial auseinanderzusetzen. Erst die Verfilmung von Peter Shaffers Bühnenstück *Amadeus* durch Milos Forman (1984) konnte einen Mozart zeigen, den man aus seinen Briefen kennt: einen deftigen Charakter. Der Film gibt gerade durch dieses bodenständige Element verblüffendes Zeugnis von Mozarts Genialität. Am Vorabend des Mozart-Jahres (200. Geburtstag 1956) konnte man selbstverständlich erst recht nur den edlen und früh vollendeten „Wolferl" zeigen. Durch eine dramaturgisch glückliche Idee beginnt der Film mit Mozarts Tod. Seine letzte Liebe, die Sängerin Anni Gottlieb (die erste Pamina in der *Zauberflöte*), empfindet rückblickend sein Leben nach.

Der Hauptkonflikt des Streifens erinnert fatal an Kolm-Veltées Beethoven-Film aus dem Jahre 1949. Auch dort entsagt ein großer Komponist, der sich zu Höherem berufen fühlt, seiner irdischen Liebe, um für die Ewigkeit und für die Nachwelt erhalten zu bleiben. „Denn wem die Gnade zuteil wurde, der muß auch bereit sein."[64] Mozarts Liebe zu Anni (gespielt von Johanna Matz) bleibt platonisch, er kehrt zu seiner Frau Constanze zurück und vollendet die Zauberflöte.

Man wollte 1955 gar kein anderes Mozart-Bild haben und lobte den Film als „Spitzenwerk der österreichischen Produktion". Werner verlieh der Gestalt des Komponisten eine Note der Vergänglichkeit. Wie übrigens bei fast allen von Werners Filmen hat der Betrachter auch beim Mozart-Film das Gefühl, daß dieser Schauspieler aus einer anderen Welt kommt, nur als Gast hier verweilt, und jeden Moment abberufen werden könnte. Ob sein Darstellungsstil 1955 schon bewußt gewählt war oder ob er aus Intuition gespielt hat, läßt sich heute nicht mehr feststellen. In späteren Jahren hat sich Werner sehr wohl mit den Hintergründen und Mechanismen seines Berufes auseinandergesetzt. Dabei berief er sich sehr gerne auf Sigmund Freud, der so gut in sein Wien-Bild paßte („Es ist kein Zufall, daß die Psychoanalyse in Wien entstanden ist"[65]). Ebenfalls mit Freuds Hilfe versuchte er, seine Schauspielkunst theoretisch zu untermauern: „Es kommt auf die Qualität des Fühlens an", zitierte Werner Freud ständig. Damit wollte er seine Qualitätsansprüche an seine geistige Umwelt verständlich machen. Nur wenn die „Qualität des Fühlens" vorhanden ist, kann man darangehen, „dem Publikum nicht die Illusion, sondern den Traum zu geben. Denn es gibt Angstträume und Wunschträume ... wie uns schon Sigmund Freud belehrt hat. Und Shakespeare ... hat eines seiner Stücke nicht ‚Mittsommernachtsillusion‘, sondern ‚Mittsommernachtstraum‘ genannt".[66]

Vielleicht war es diese Traumhaftigkeit, die Werner den Nimbus des „Andersseins" in seinen Theater- und Filmrollen gab.

Der weltberühmte Filmregisseur Max Ophüls drehte ebenfalls 1955 die französisch-westdeutsche Co-Produktion *Lola Montez*, in der Oskar Werner den jüngsten und „menschlich liebenswertesten Liebhaber"[67] dieser ebenso schönen wie skandalumwitterten Tänzerin des vorigen Jahrhunderts spielte. Der Film wurde aus verleihtechnischen Gründen in einer stark verstümmelten 90-Minuten-Fassung gezeigt (Original 140 Minuten) und wurde trotz der Popularität der Titeldarstellerin Martine Carol und des künstlerisch hochwertigen Niveaus zu einem fast beispiellosen finanziellen Debakel.

Auch der *Don Carlos*-Erfolg konnte Werner in Wien nicht halten. Seine ambivalente Verbindung zu seiner Heimatstadt zog ihn nach Hause, wenn er in die „große Welt" geflüchtet war, und trieb ihn wieder fort, wenn er zu Hause war.

Er gründete — mit gesunder Geschäftstüchtigkeit — ein Tourneetheaterunternehmen (*Stratford Company*) mit dem steuerlich günstigen Sitz in Liechtenstein, wo er ja seinen ständigen Wohnsitz hatte, und zog mit Cocteaus *Bacchus* (mit Werner Krauß), mit dem *Prinz von Homburg* und mit *Hamlet* quer durch den ganzen deutschen Sprachraum (1957/58). Während einer der *Hamlet*-Vorstellungen kam es zu einem Streit, der vor Gericht endete und Werner in Deutschland und Österreich von einer anderen Seite her berühmt machte: Er wurde wegen des Ausfalles einer Vorstellung geklagt. Er hatte nämlich bei den ausverkauften Ansbacher Schloßlichtspielen den Auftritt verweigert, da die laute Karussellmusik eines etwa 50 m vom Aufführungsort entfernten Rummelplatzes sein „ästhetisches Empfinden" verletzte. Im Hamburger Nachrichtenblatt „Spiegel" schrieb man in der gewohnt ironisch-pointierten Art dieses Magazins: „Der empfindsame Mime behielt vor den schwarzen Roben, die ihn eine Stunde lang vernahmen, beide Hände in den Hosentaschen."[68] Zum ersten Mal landete Werner in den Klatschspalten der Zeitungen. Der kindisch-rebellische Akt gegen seine Richter ging durch den ganzen deutschen Blätterwald.

Im Spätsommer 1959 wollte Werner sein Lieblingsprojekt zum ersten Mal verwirklichen: Wie bereits erwähnt, trug er die Idee eines eigenen Schauspielfestivals schon seit Jahren mit sich herum. Nun glaubte er, in der Stadt Innsbruck den idealen Spielort gefunden zu haben. Es mag sein, daß ein gewisser Größenwahn der Keim seiner Bemühungen war: Trocken verkündete er bei einer Pressekonferenz im Juni 1959, er wolle der Max Reinhardt von Innsbruck werden. Nur eine — so gar nicht österreichische — Begleiterscheinung brachte die Waage wieder ins Gleichgewicht: Er verlangte keinen Schilling Subvention und wollte „seine" Festwochen aus der eigenen Tasche finanzieren. Die Stadtväter von Innsbruck stellten als Gegenleistung das Tiroler Landestheater kostenlos zur Verfügung. Die Gagen der Künstler — auch für die Probezeit —, ihren Aufenthalt, das Bühnenbild, die Kostüme und Requisiten, mit einem Wort alles, was noch zu einer Theatervorstellung gehört, zahlte Werner. Zwei Stücke waren geplant: Schillers *Kabale und Liebe* mit ihm selbst als Ferdinand und Gertrud Kückelmann als Luise (Regie Josef Gielen) und Grillparzers *Weh dem, der lügt* in Harald Beneschs Inszenierung mit demselben Ensemble. Alles schien eitel Wonne, die Proben liefen auf Hochtouren, und Werner gab eine blumige Liebeserklärung an die künftige neue Festspielstadt ab: „Innsbruck ist ein Ort, der sich wie wenige dafür anbietet, den Urlaub, das Freisein von Unruhe, Staub und Großstadt mit dem Genuß künstlerischer Darbietungen zu verbinden. Ich verbringe seit Jahren den Sommer in Tirol. Ich liebe Innsbruck."

Die Tiroler nahmen dies gerührt zur Kenntnis und gingen — nicht ins Theater. „Sie hatten gerade ganz andere Sorgen und Interessen", wetterte ein Journalist in „Funk und Film", „stand doch die 150-Jahr-Feier für Andreas Hofer vor der Tür, mit Blasmusikern, Bergfeiern, Volksschauspielen und anderen Attraktionen."[69] Zu beiden Premieren (1. und 4. August 1959) kamen kaum hundert Personen ... Werners erstes Privatfestival endete mit einem — nicht nur finanziellen — Fiasko. Ein neuerliches Zurückziehen nach Liechtenstein war die Folge. Ob die Einsamkeit Werner guttat, sei dahingestellt.

Nach einigen Monaten meldete sich aber wieder das Burgtheater. Neue lohnende Aufgaben führten den Schauspieler zurück nach Wien.

„Frei will ich sein im Denken und im Dichten;
Im Handeln schränkt die Welt genug uns ein."
Goethe: Tasso, 4., 2

FLUCHT IN DIE HEIMAT

Ernst Haeusserman schrieb in seinem Burgtheater-Buch einen
Satz nieder, der zwar eine gewisse Allgemeingültigkeit hat —
für den jeweiligen amtierenden Burgtheaterdirektor jedoch
zum Leitsatz werden sollte: „Die österreichische Versenkungsanlage funktioniert ... immer im richtigen Augenblick."
Haeusserman mußte es wissen, er hatte selbst zehn Jahre das
Haus geleitet. Als Kommentar zu seinem Ausspruch zitierte er
eine von Ernst Lothar oft erzählte Geschichte, die durch ihre
erbarmungslose Logik doppelt wirkt. Sie handelt vom berühmten Wiener Arzt Halban, der einmal gefragt wurde, wieso er nicht Ordinarius geworden sei. Halban antwortete: „Mit
vierzig war ich zu jung, mit sechzig war ich zu alt, und mit
fünfzig — Jude."[70]
Diesmal war die „Versenkungsanlage" Adolf Rott bestimmt.
Der Burgtheaterdirektor der Wiedereröffnung hatte anscheinend seine Kräfte verbraucht, das Haus stagnierte und brachte
keine besonders erwähnenswerten Leistungen. Die Frage der
Nachfolge wurde — wie das in Wien perfiderweise seit jeher
üblich ist — noch während Rotts Amtszeit heftig in der Öffentlichkeit diskutiert. Immer neue Kandidaten wurden genannt, um dann am nächsten Tag andere Namen ins Spiel zu

bringen. Carl Zuckmayer setzte den Spekulationen, die seine Person betrafen, mit einem „prägnant-saftigen" Ausspruch ein Ende: „Da setzte ich mich lieber mit meinem nackten Hintern in einen Ameisenhaufen!"[71]

Das Direktionsnachfolge-Karussell wurde mit der Ernennung von Ernst Haeusserman gestoppt. Er hatte zehn Jahre Zeit, seine Ideen von den Aufgaben des Burgtheaters zu verwirklichen — bis auch ihn die „Versenkungsanlage" schluckte.

Als Sohn des beliebten Hofschauspielers Reinhold Häusserman ist er direkt am Theater aufgewachsen und spielte bereits an der Burg, bevor er noch sein Schauspielstudium beendet hatte. 1938 emigrierte Haeusserman nach Hollywood, wo er nicht nur Gelegenheit hatte, als Assistent von Max Reinhardt zu arbeiten, sondern auch in der Filmbranche wertvolle Impulse sammeln konnte. Als er als Offizier in der Kulturabteilung der amerikanischen Besatzungsmacht nach Österreich zurückkehrte, führte er eine für Wien gänzlich neue Tonart ein. „In Haeusserman war seine österreichische Erziehung und seine amerikanische Erfahrung ein gutes Bündnis eingegangen"[72], schrieb Friedrich Schreyvogl, der Co-Direktor des Burgtheaters war. Als Haeusserman 1958 sein Vorbereitungsjahr für die Direktion antrat, hatte er bereits als Leiter des Theaters in der Josefstadt (gemeinsam mit Franz Stoß) und Konsulent für Ludwig Polsterers Medienimperium (Kurier und Cosmopol-Film) seine Managerqualitäten bewiesen. In seinem Buch, das 1976 zum 200-Jahr-Jubiläum des Burgtheaters erschienen ist, erwähnt er das Rückholen Werners folgendermaßen: „Eines der wichtigsten Engagements kam in der Zeitspanne des Vorbereitungsjahres nach ausführlichen Gesprächen zustande: ein Fünfjahresvertrag mit Oskar Werner."[73]

Für diese Vertragsdauer wurden dem Schauspieler zwölf Rollen schriftlich zugestanden. Um ihm die Möglichkeit zu geben, eventuelle auswärtige Angebote anzunehmen, wurde eine nur halbjährige Anwesenheitspflicht vereinbart.

Haeusserman wußte nur zu gut, daß es dem Wiener Publikum nicht darauf ankam, wer ein Stück geschrieben hat, sondern viel mehr darauf, wer darin spielte. Man ging immer schon zum Kainz, zur Wessely oder — zum Oskar Werner. Dieses Phänomen hat Haeusserman zu seinem obersten Prinzip gemacht. „Wenn so etwas möglich gewesen wäre, hätte er Charlie Chaplin *Warten auf Godot* spielen lassen. Nichts war ihm gut genug für das Burgtheater."[74] Er hatte auf eine zyklische Spielplangestaltung gesetzt: die Königsdramen Shakespeares, das Gesamtwerk Raimunds und die großen Werke der griechischen Tragiker sollten in Neuinszenierungen den Spielplan bestimmen.

Leopold Lindberg, der dazu auserkoren war, den auf zehn Jahre geplanten Shakespeare-Zyklus inszenatorisch zu betreuen, entschied sich beim ersten dieser Dramen, *König Heinrich IV.*, zu einer Fassung, die beide Teile zu einem Abend vereinte. „Es war vielleicht so, damals, vor mehr als 360 Jahren", schrieb Hans Weigel, „Shakespeare wollte *König Heinrich V.* schreiben und begann mit der Jugend des Königs, doch der Prolog wuchs ihm unter den Händen zu einem ganzen Drama ... drum bietet sich die Reduktion der beiden Teile auf einen Abend zum Unterschied von anderen Zyklen als ideale Lösung an." Die Inszenierung von Lindberg wurde in allen Zeitungen mit Lob überhäuft. Die „Wochenpresse" nannte ihn schlicht einen „Zauberer" („Ein wahrhaft königliches Fest" hieß dazu der Titel). Heinz Kindermann, der Doyen der Wiener Theaterwissenschaft, dankte dem Regisseur, daß er „das Atmend-Lebendige aus allen vier Schichten des Königsdramas herauszuarbeiten" vermocht hatte. (Das Werk wurde übrigens seit 1914 zum ersten Mal wieder am Burgtheater gespielt.) Für Piero Rismondo trat „... der große Bogen des Werkes leuchtend hervor"[75] (Premiere 18. Februar 1960).

Durch Haeussermans Schauspieler-Theater wurde der Besetzungszettel zu einer Aufzählung der Burgtheaterelite: Judith Holzmeister, Sonja Sutter, Inge Konradi, Erika Pluhar, Heinz Moog, Fred Liewehr, Günther Haenel, Franz Böheim, Hugo

Gottschlich, Alexander Trojan ... 46 Burgschauspieler auf der Bühne. Ein Fest für das Publikum.

Inmitten dieser mit besetzungstechnischem Spürsinn gewählten Schar stand Oskar Werner — wie einst in *Don Carlos* — einem großen älteren Kollegen in einem Vater-Sohn-Verhältnis gegenüber. Diesmal war es Albin Skoda (Werner Krauß war vor einem Jahr gestorben). Und wiederum gelang es Werner, sich dem schon legendären Kollegen ebenbürtig zur Seite zu stellen. Aus dem Lorbeerkranz des einhelligen Kritikerlobes sollen zwei Blätter stellvertretend zitiert werden: „Oskar Werner, dem das Wort wirklich nur Ergänzung ist ..., ist in jedem Augenblick und Atemzug ... jeder Zoll ein königlicher Prinz, der künftige englische ‚Sonnenkönig‘ Shakespeares ... Man wird sich nach Jahrzehnten darauf berufen können, diesen Schauspieler in dieser Rolle gesehen zu haben" (Fritz Walden, Arbeiter-Zeitung, 20. 2. 1960). Und Heinz Kindermann: „Wie Degenhiebe sausen seine Sätze oft nieder: Geschliffen, klar gegliedert, eine Lust am Zuhören. Das Federnde eignet sich aber auch seinem Spiel — und ein Federndes, das gleichwohl das Prinzenhafte nie vermissen läßt."

Werner spielte diesen zum König heranreifenden Prinzen 38mal.

Parallel zu diesen Vorstellungen probte er wie zu seinen Anfängen am Burgtheater schon das nächste Stück. Bereits am 2. April hatte am Akademietheater *Tasso* Premiere. Werner spielte die Titelrolle, in der Goethes eigenes Schicksal mit dem Leben des Renaissancedichters verwoben und dichterisch erhöht ist. Das Fünfpersonenstück war wiederum „hoch" besetzt, neben Werner als Tasso standen Fred Liewehr als Herzog, Aglaja Schmid als Leonore d'Este, Sonja Sutter als Leonore Sanvitale und Albin Skoda als Antonio. Die Inszenierung besorgte Josef Gielen. Alle nur planbaren Komponenten (wenn man am Theater überhaupt von Planung reden kann) standen unter einem glücklichen Stern. Nach den Presserezensionen zu urteilen, war der Abend trotzdem nicht voll zufrie-

denstellend. Peter Weiser im Kurier gibt die Schuld eindeutig
Oskar Werner: Er „bleibt dieser Figur nichts schuldig, außer
dem einen: man kann ihn nicht lieben. Man kann ihn bewun-
dern, kann ihn verstehen, kann mit ihm leiden — lieben kann
man ihn nicht. Irgend etwas in seiner Ausstrahlung steht dem
dawider, etwas, das sich auch im zuweilen auffallend fahrigen
Spiel seiner Hände spiegelt und seinem Unvermögen, dem
Partner und der Partnerin in die Augen zu sehen" (4. April
1960). Was war geschehen? Ein Schauspieler kann sich doch
nicht innerhalb von drei Monaten derart verschlechtern? Lag
ihm die Rolle nicht? War er überarbeitet? Oder lag es an den
Kritikern, deren Gilde Werner in den folgenden Jahren immer
wieder beschimpfte, der sie „Eunuchen" (weil sie der Liebe
nicht fähig wären und nur darüber sprächen), ja sogar „Wan-
zen" nannte? Die Rezension in der „Presse" widmet sich auffal-
lenderweise mehr dem Stimmphänomen Oskar Werners als
dem Darsteller: „Der einzigartige warme Klang seiner Stimme
wird zum Medium der abruptesten Gefühlsschwankungen
. . ." (5. April 1960).

Es ist vielleicht kein Zufall, daß gerade in dieser Rolle, in der
der Schauspieler einen großen Einsamen zu spielen hatte, sich
auch seine immer zunehmende persönliche Einsamkeit zum
ersten Mal auf der Bühne darstellte. Nur drei Jahre später erlei-
det er mit derselben Figur den ersten Schiffbruch. Peter Wei-
sers Kritik kann achselzuckend auf die Seite geschoben oder
aber auch als erstes Warnsignal in der Pathologie Werners auf-
gefaßt werden. Die Theaterwissenschaft ist bis in die jüngste
Zeit auf Beweise aus zweiter Hand angewiesen. Selbst im Vi-
deo-Zeitalter unserer Tage werden nur allzu selten Premieren
für die Nachwelt auf Band gebannt.

In unzähligen Interviews der letzten drei Jahrzehnte hatte
Werner viele Standardsätze, die er auf die oft nicht gerade in-
telligenten Fragen parat hatte. Eine dieser tausendmal wieder-
holten Antworten war: „Die Bühne ist meine Ehefrau, der
Film meine Geliebte."

Nun, nach den zwei Bühnenpremieren, sollte es bald eine neue Geliebte geben, diesmal in Paris.

Im Frankreich der späten fünfziger Jahre hatte die einst so blühende Filmindustrie unter einer künstlerischen Stagnation zu leiden. Die Regisseure waren in der Tradition erstarrt, im Manierismus steckengeblieben. Um die Pariser Filmzeitschrift *Cahiers du Cinéma* sammelte sich eine kleine Schar von jungen Kritikern, die nach einigen Jahren herber Polemik selbst zeigen wollten, wie man Filme macht. Der vielleicht begabteste unter ihnen, François Truffaut, wurde mit dem Streifen *Sie küßten und sie schlugen ihn* (*Les Quatre Cents Coups*, 1958) über Nacht bekannt. Mit seinen Freunden Claude Chabrol, Jean-Luc Godard und Jacques Rivette und anderen schuf er die bald weltweit beachtete und weltweit nachgeahmte „Nouvelle Vogue", die „neue Welle", des französischen Films.

Als Truffaut seinen dritten Film drehte, war er bereits ein berühmter Filmregisseur, dem relativ viele Mittel zur Verfügung standen. Er konnte es sich leisten, bekannte Gesichter für die Hauptrollen zu holen. Sein Opus 3 hieß *Jules und Jim* (*Jules et Jim*, 1961) und wurde zu einem sogenannten „Kultfilm" für die junge Generation der sechziger Jahre. Die Handlung bricht mit jeder konventionellen Aufbereitung einer Liebesgeschichte: „Vor dem 1. Weltkrieg verlieben sich die beiden Schriftsteller Jim, ein Franzose, und Jules, sein deutscher Freund, in dasselbe Mädchen. Catherine heiratet Jules und zieht mit ihm nach Deutschland. Der Krieg trennt die Freunde. Später trifft man sich im Schwarzwald wieder. Ihre ‚reine Liebe zu dritt' währt so lange, bis Catherine bei einer Autofahrt mit Jim den Wagen in die Seine lenkt, wo beide ertrinken."

Obwohl Truffaut die Rolle der jungen Frau mit Jeanne Moreau besetzte (Jim spielte Henri Serre), sehen einige Filmästheten in dem Deutschen Jules (Oskar Werner) die Hauptfigur. Dafür spricht, daß er der Überlebende des zärtlichen Dreiecks ist und „damit die mögliche Identifikation des Zuschauers bis zum Schluß behält".[76]

Truffaut und Werner verstanden sich während der Dreharbeiten ausgezeichnet — vielleicht auch deshalb, weil sie sich wegen Werners mangelnder französischer Sprachkenntnisse fast überhaupt nicht verständigen konnten. Der Regisseur war bekannt dafür, daß er nie den Originalton verwendete, sondern die gesamten Dialoge von den Darstellern im Studio nachsynchronisieren ließ. Werner sprach und spielte nach Intuition. Truffaut erzählte einige Jahre später selbst die etwas verrückte Situation: „Der Österreicher Oskar Werner, von dem sich das Publikum ... bewegt fühlte, verstand nicht ein Viertel seines Textes, denn er konnte kaum französisch. Mit der Synchronisation kam er schon besser zurecht. Das war drei Monate später, und er verstand jetzt den Sinn der Worte besser als bei den Dreharbeiten. Was er jedoch in den Film hineinlegte, beweist den großen Berufsschauspieler."[77]

Die bundesdeutsche Verleihgesellschaft, die *Jules und Jim* im deutschen Sprachraum vertrieb, dachte sich einen üblen Scherz aus: Der Tonfall Oskar Werners sei zu weich, zu österreichisch, wurde verkündet, und man sei gezwungen, für die Synchronisation einen anderen Schauspieler heranzuziehen, um die Zuseher nicht zu verärgern. In Österreich setzte, als der Film in die Kinos kam, eine wahre Protestwelle ein. Die Leserbriefschreiberin Anny Eder formulierte, stellvertretend für alle anonymen Zuschauer, ihr Entsetzen: „Für alle, die ihn kennen und verehren — und es sind deren viele —, wird dieser Film eine Qual sein. Denn Oskar Werner zu sehen und eine fremde Stimme zu hören, das heißt ein edles Instrument seines wahren Klanges berauben."[78]

Dann meldete die „Ehefrau" Bühne wieder ihre Rechte an: zweimal noch vermochte das Burgtheater, Oskar Werner an sich zu fesseln, bevor es ihn für immer verlor. Die zwei Premieren aber, in dreieinhalbmonatiger Abfolge, setzten die Linie fort, die den Schauspieler schon in *Don Carlos* und in *König Heinrich IV.* auf den Parnaß gehoben hatte. Es ist müßig darüber nachzudenken, ob ein weiterer kleiner Rückschlag wie in der Rolle des *Tasso* Werner nicht mehr geholfen hätte als der strahlende Erfolg, der ihn wieder in die Einsamkeit der ganz Großen führte. Die Kritiker verglichen ihn in diesen Jahren immer wieder mit Josef Kainz, ein Vergleich, der allein als Ritterschlag gilt. Vor der Jahrhundertwende brachten zwei Schauspieler „durch ihre gewaltigen Eigenleistungen eine Revolutionierung des gesamten europäischen Darstellungsstils zustande: Josef Kainz im deutschen Sprachraum und Eleonore Duse im romanischen", schreibt Heinz Kindermann und charakterisiert den großen Shakespeare-Darsteller folgendermaßen: „... dieser Rastlos-Unruhige ... ließ plötzlich alles Historisierende und Bloß-Maskierte oder Drapierte der Shakespeare-Inszenierungen aus der Makart-Zeit beiseite, um nichts anderes zu offenbaren als das Letztlich-Menschliche zwischen Himmel und Abgrund."[79]

Gleichen diese Ausdrücke nicht gespenstisch denen der Oskar-Werner-Rezensenten?

Friedrich Schreyvogl hat 1965 in seinem Burgtheater-Buch den Kreis geschlossen: „Wer nach einem Kainz-Abend das Burgtheater verließ, war überzeugt, daß es nicht seinesgleichen gab und nie wieder geben werde, auch im Burgtheater nicht. Erst Oskar Werner ist ihm ... in unserer Zeit nachgekommen." Auch die Beschreibung, die Josef Handl in seinem Buch *Burgtheaterschauspieler* von Kainz gibt, paßt auf Werner: „Ein schmaler, sehniger Junge lebhaften Temperaments, mit blitzenden Augen im blassen, feinnervigen Gesicht ..."[80]

Am 22. Oktober 1960 fand die deutschsprachige Erstaufführung von Jean Anouilhs *Becket oder die Ehre Gottes* im Burgtheater statt. Dem Stück ging großer Ruhm voran: seit der Uraufführung in Paris (1959) lief es dort ein Jahr in einer täglich ausverkauften En-suite-Serie im Théâtre Montparnasse. Zur Wiener Premiere reisten Intendanten des ganzen deutschen Sprachraums an. *Becket* eroberte Wien in einem Abend. „Ein Burgtheaterereignis von Weltformat" („Neue Österreichische Tageszeitung") ließ auch hier die „Ausverkauft"-Tafel bei jeder

Vorstellung an die Kassa hängen. Wieder sollen zwei Zeitungsberichte für alle anderen hier stehen. Paul Blaha berichtete im
„Kurier" von einem „... betörenden Theaterabend, von einem Burgtheaterabend, der in die Legende eingehen wird. Von
einem glückhaften Zusammentreffen aller Elemente heutiger
Bühnenkunst. Von einem stürmischen Erfolg." Er bezeichnete
die Inszenierung von Leopold Lindberg und das Bühnenbild
von Jörg Zimmermann als „das Ergebnis" von allem, was bisher am Theater geschehen war, und lobte die Schauspieler in
ähnlich enthusiastischem Tonfall: „Zwei große Leistungen,
zwei Idealbesetzungen: Oskar Werner und Heinrich Schweiger. Oskar Werners Becket, elegant und kultiviert, verschlos-
sen ... dem Luxus und der Gefahr ergeben zunächst, dann, als
Streiter Gottes, demütig und entschlossen, so gesammelt,
ruhig und durchdrungen wird er aufsteigen zu den wirklich
bedeutenden Persönlichkeiten des deutschsprachigen Theaters ..."

Friedrich Torberg schrieb in der „Presse": „Schauspielerisch
stand der Abend völlig im Zeichen Oskar Werners, der als
Thomas Becket seine bisher reifste Leistung bot ... Die Sou-
veränität, mit der Herr Werner ... vom Frater Leichtsinn
zum Pater Ecclesiae wird, weist ihn endgültig als großen Men-
schengestalter aus."[81]

Heinrich Schweiger, der den Gegenspieler Beckets, König
Heinrich II. von England, spielte, erinnerte sich fast ein Vier-
teljahrhundert später mit geradezu zärtlichen Worten an die
Zusammenarbeit mit Werner: „Die Proben waren die schönsten und erregendsten, die ich überhaupt erlebt habe. Es war
eine ideale Partnerschaft." Seine Antwort auf die Frage, wie
sein Partner sich während der Proben verhielt, lüftet ein wenig
den Schleier, der über dem Geheimnis des Genialischen
schwebt: „... er war unberechenbar ... Er hat eigentlich
nach außen hin ... das Wienerische, Schlamperte gehabt ...
war anfangs sehr textunsicher und hat so gemacht, wie wenn
es ihn nicht so interessieren würde. Langsam hat er sich dann

erst ... hineingearbeitet und dann, plötzlich, ging da etwas los, daß wir alle erschüttert waren."[82]

Der 7. Februar 1961 bekommt nur im nachhinein betrachtet einen bitteren Beigeschmack. Damals war es der Tag der Premiere von Shakespeares *König Heinrich V.* Ein Tag, der wieder Jubel und Bravo-Schreie für den Regisseur Leopold Lindberg und den Titeldarsteller Oskar Werner brachte. Aus heutiger Sicht ist es der Tag der letzten Premiere, die Werner am Burgtheater spielte. Mehr noch: es war sein letzter großer Erfolg auf einer Bühne überhaupt.

Mit Vorliebe nennt man Mozart einen „Frühverglühten". Vielleicht verleiht man jetzt, nach seinem Tode, auch Oskar Werner dieses kitschige Epitheton ornans. Die Umgebung, in der die österreichischen Genies „verglühen", war immer schon sehr großzügig, wenn es darum ging, jemanden einzuordnen. Werner wurde eben als Schwieriger verbucht und deswegen bald ad acta gelegt. Es reichte aus, dem empfindlichen und sicherlich zunehmend monomanischen Künstler eine Rolle, die er erhoffte, zu verweigern, um ihn zum plötzlichen Bruch mit dem Burgtheater zu veranlassen.

„Wie alle großen Talente war er eben sehr, sehr gefährdet. Und wie die anderen, meistens ... sich zu sehr anpassen, konnte er sich überhaupt nicht anpassen", sagte Heinrich Schweiger über ihn und umriß damit präzise den Konflikt.

Seinen Abgang vom Burgtheater gestaltete Werner so theatralisch wie möglich: Er telegraphierte dem Burgtheaterdirektor ein Zitat des Marquis Posa aus *Don Carlos*: „Ich kann nicht Fürstendiener sein."

Einmal noch soll Friedrich Torberg zu Wort kommen mit einigen Zeilen aus seiner Kritik über *König Heinrich V.*: „Die Titelrolle gab Oskar Werner; und wer ihn letztlich als Becket auf einem einmaligen Gipfel seiner Leistungsfähigkeit angelangt glaubte, fand ihn als Heinrich auf dem gleichen Gipfel wieder: Nur daß er sich dort schon häuslich eingerichtet hatte, nur daß ihm eine tiefe Gelassenheit zugewachsen war ..."[83]

25 Der Dichter im elfenbeinernen Turm: *Tasso*, 1960

26 Die klassische Pose zum klassischen Text: *Tasso,* 1960

27 Als Thomas Becket, der für die Ehre Gottes sein Leben einbüßt,
in *Becket oder die Ehre Gottes*, 1960

28 „Ein betörender Theaterabend... der in die Legende eingehen wird":
Becket

29 Die große Liebe kommt zu spät: mit Simone Signoret in
Narrenschiff, 1964

30 Auf Kurzbesuch in Wien, 1968

31 Von der „Traumfabrik" vermarktet, mit Barbara Ferris in *Zwischenspiel*, 1968
32 Endlich einmal dirigieren dürfen: *Zwischenspiel*

33 Als Feuerwehrmann, der Bücher zu verbrennen hat,
in *Fahrenheit 451*, 1966

34 Älter werden, ohne es wahrhaben zu wollen: das Kaffeehaus als
Zufluchtsstätte in der Großstadt

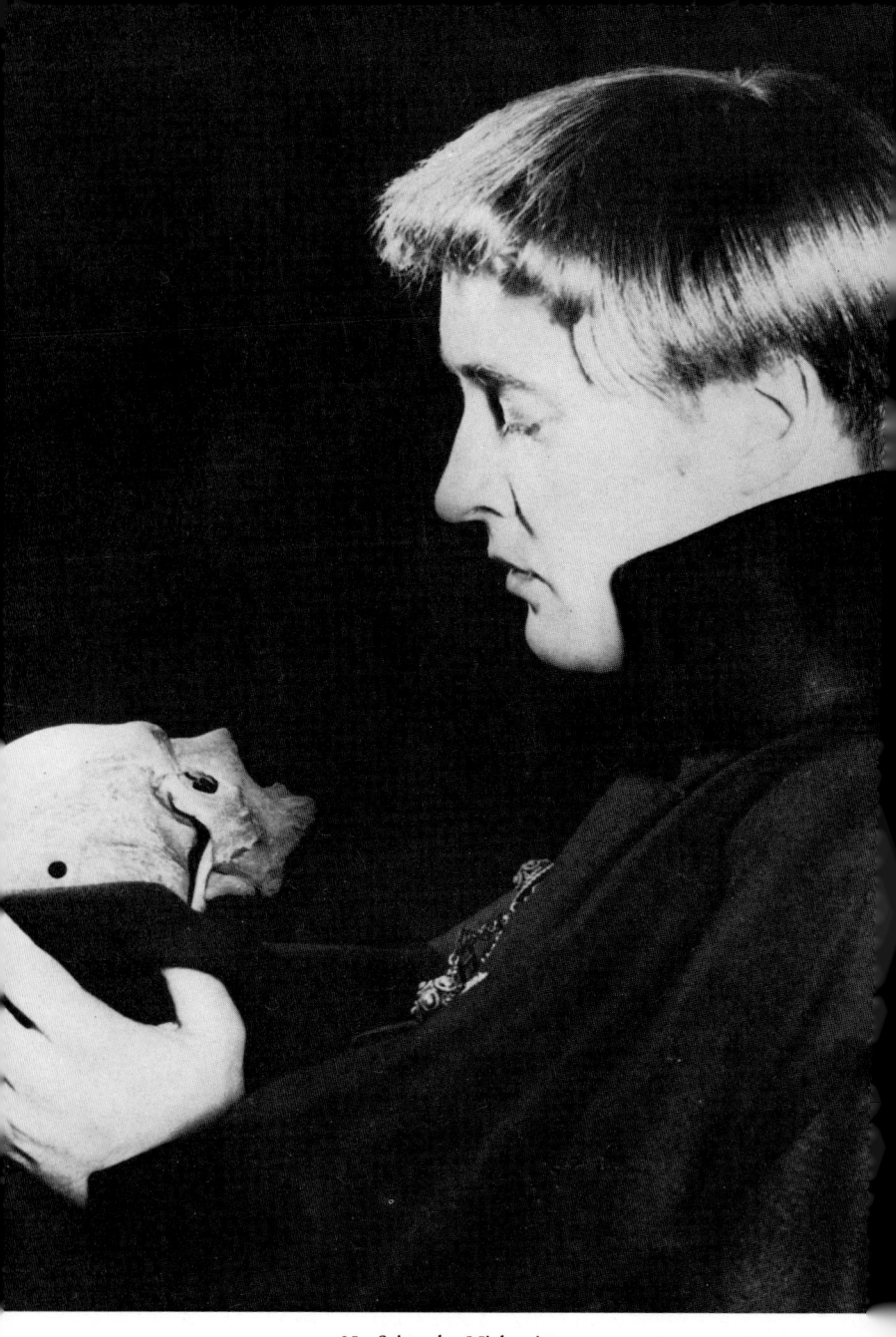

35 Sein oder Nichtsein —
„Die Zeit ist aus den Fugen: Schmach und Gram,
Daß ich zur Welt, sie einzurichten, kam!"

„Wer jetzt allein ist, wird es lange bleiben,
Wird wachen, lesen, lange Briefe schreiben,
Und wird in den Alleen hin und her
Unruhig wandern, wenn die Blätter treiben."
Rilke: Herbsttag

IM ELFENBEINERNEN TURM

Oskar Werner wollte es jedem zeigen, daß er auf niemanden
angewiesen war. Wahrscheinlich in erster Linie sich selbst,
dann unbedingt dem Burgtheaterdirektor, den Wienern, seinen Anhängern. Nach einer relativ langen Phase des Zurück-
gezogenseins in Liechtenstein, wo das einsame Haus mit der
ständig wachsenden Bibliothek und Schallplattensammlung
immer mehr zu einer von innen und außen abgesicherten Ritterburg wurde, kam 1963 der erste Angriff. Die steuersparende
Tourneefirma wurde wiedererweckt, diesmal — nach amerika-
nischem Muster — mit dem Namen: *Theater Ensemble Oskar
Werner*. Nicht unbedingt bescheiden, aber Bescheidenheit hätte man als Schwäche auslegen können. Eine fahrende Truppe
ist — logischerweise — desto effizienter, je kleiner sie ist. So
war *Tasso* mit nur fünf Rollen und einem glänzenden riesigen
Part für den namengebenden Prinzipal das ideale Stück. Der
Start der Tournee wurde selbstverständlich, ja bewußt, nach
Wien verlegt. Das Theater an der Wien, das nach dem Auszug
der Staatsoper (1955) jahrelang dem Garagen-Tod der Theater-
abreißer entgegendämmerte und letztlich von der Gemeinde
Wien unter großen finanziellen Opfern gerettet und renoviert

wurde, konnte damals, da nicht regelmäßig bespielt, gemietet werden. Mit seiner sprichwörtlich erstklassigen Akustik drängte sich dieses relativ kleine Haus als Spielstätte für die *Tasso*-Premiere geradezu auf.

Das Ergebnis war niederschmetternd. Piero Rismondo hat am klarsten formuliert, was das Fiasko wohl verursacht haben könnte: „Man kam, um die Tragödie des Torquato Tasso zu sehen, und sah die Tragödie Oskar Werners", schrieb er einleitend. Der Kritikerberuf verlangt Objektivität und nichts als Objektivität: Heute mit hohem Pathos dem Genie huldigen, morgen — wenn notwendig — es zu belehren, daß das Genialische auch verpflichtet. „Ein Schauspieler steht auf der Bühne, der durch seine nervliche Intensität wie wenige heute berufen erscheint, die Verletzlichkeit des Dichters..., seine Überempfindlichkeit der Lebensrealität gegenüber zu gestalten — und man hört kaum hin", hieß es weiter.

Was war geschehen? Der Regisseur war derselbe wie vor drei Jahren am Burgtheater: Josef Gielen. Werner war damals aber inmitten eines Burgtheaterensembles (auch wenn es nur vier Kollegen waren) gestanden, und diesmal stand er inmitten seiner eigenen Truppe. Er hatte sich mit unzureichenden Partnern umgeben, ihre Namen wurden vom Kritiker teilweise gnädig verschwiegen, Werner wollte möglicherweise noch mehr glänzen und spielte den Abend praktisch als Solist. Ein paar Jahre später gab er der New York Times ein Exklusivinterview von imponierender Länge und Aufmachung. Dort sagte er etwas, was seine Isolationsbestrebungen von 1961 rückwirkend beleuchtete: „Ich kann *Hamlet* allein spielen, weil es praktisch ein Monolog ist ... Man kann irgendeine Ophelia haben — eine fette Ophelia, eine klein geratene Ophelia, eine häßliche Ophelia — es ist egal." Daß es nicht egal ist, versuchten ihm seine Kritiker immer wieder zu sagen, aber sie wurden von ihm nur mehr beschimpft und — angeblich — gar nicht gelesen: „Eine Tragödie. Die Tragödie eines Schauspielers. Es sei hier nicht untersucht, was Oskar Werner bewogen hat, das

Burgtheater zu verlassen. Schon einmal erlitt er Schiffbruch, als er sich selbständig machte. Der Schiffbruch ist diesmal noch größer und weit und breit kein Felsen, an den der Scheiternde sich klammern könnte."[84]

Dem ist nichts hinzuzufügen. In der ersten Dimension der Wahrheit stimmt jedes Wort, das Rismondo geschrieben hat. In der zweiten, inneren Region waren die „Jalousien" dicht geschlossen — Werner ließ niemanden „hineinschauen". Diese Ausdrücke verwendete er selber, als er über den Unterschied zwischen Schriftsteller und Dichter sprach: „Bei der Schriftstellerei können Sie immer noch, wie bei einer Jalousie, dazwischen hineinschauen, wie es gemacht wird. Bei der Dichtung nicht mehr."[85] Und Werner betrachtete sich als dichterischen Schauspieler.

Er verbrachte in den nächsten Jahren immer längere Zeitabschnitte in seiner Ritterburg, öffnete seine Jalousien immer seltener, und seine hinlänglich bekannte Zuneigung zum Alkohol mußte sich zu dieser Zeit zum Exzeß hin entwickelt haben. Die Genetiker sagen, der Mensch hat den Alterungsprozeß in den chemischen Lebenscomputer einprogrammiert bekommen. Oskar Werner scheint noch einen Fluch mit sich geschleppt zu haben — den Zwang zur Selbstzerstörung. „Er war ein Brenner von A bis Z, er hat immer gebrannt", sagte Irmgard Seefried über ihn, er war einer, der „die Kerze auf beiden Seiten angezündet" hat.[86] In den sechziger Jahren begann sich der Abstand zwischen den zwei Kerzenenden zum ersten Mal sichtlich zu vermindern.

Hollywood meldete sich wieder. Die Filmstadt, die sich in einem „permanenten Pendeln zwischen Boom und Krise"[87] befand, hatte den Schock des Fernsehzeitalters überwunden und sich neueren Themen zugewandt. Der Produktionsmechanismus hatte sich — nicht zuletzt durch die Rückkoppelung europäischer Filmerfolge — etwas verfeinert, die Rolle des Regisseurs war über die eines tüchtigen Handwerkers hinausgewachsen. Einer der konsequentesten Regisseure war Stanley

Kramer, der schon in *Zwölf Uhr mittags, Flucht in Ketten* und *Das Urteil von Nürnberg* die humanitäre Gesinnung eines liberalen Amerikaners dokumentiert hatte. 1964 drehte er nach dem Bestseller von Katherine Anne Porter den gleichnamigen Film *Das Narrenschiff*. Für die zentrale Rolle des Schiffsarztes holte Kramer Oskar Werner. Und dieser Streifen machte den Schauspieler endgültig zum weltbekannten Star. Der Film, der äußerst knapp an der Vicki-Baum-Marke (*Menschen im Hotel*) vorbeiging, diente hohen Idealen und bot einigen erstklassigen Schauspielern erstklassige Rollen (Simone Signoret, Vivian Leigh, Lee Marvin, Heinz Rühmann, José Ferrer).

Das „Narrenschiff" ist ein deutsches Passagierschiff der zweiten Garnitur und fährt 1931 quer über den Atlantik nach Bremerhaven. Menschen verschiedenster sozialer und politischer Prägung stoßen hier aufeinander und scheitern, wenn Menschlichkeit und Güte verlangt werden. Der aufkeimende Nationalsozialismus treibt bereits perverse Blüten, Geld und Erotik beherrschen die Handlungen der Reisenden. Der herzkranke Schiffsarzt, der trotz Alkoholverbot mehr trinkt, als ihm guttut, verliert sein Herz an eine alternde Morphinistin, die einer ungewissen, aber wahrscheinlich tragischen Zukunft entgegenfährt. Werner und Simone Signoret spielen diese seltsame Romanze ohne jeden Anflug von Peinlichkeit. Beide wurden dafür 1965 für den „Oscar" nominiert.

Werner sah sich in der Rolle des Schiffsarzts als „das philosophische Auge des Lebens", und den Herzanfall, an dem der Doktor letztlich stirbt, betrachtete er als einen notwendigen Tod, wie es die klassischen Tragödien vorschreiben.[88] Stanley Kramer war nicht nur ein guter Regisseur, er konnte mindestens ebenso gut besetzen: Die Rolle, die Werner spielte, war in ihrer melancholischen Morbidität so „deckend", daß eine völlige Identifikation zwischen dem Dargestellten und dem Darsteller entstand. Der Herztod des Arztes war nicht mehr gespielt, sondern erlebt. Werner erzählte drei Jahre später einem Journalisten der New York Times, daß ihm Kramer bei dieser Szene völlige Freiheit gelassen hatte. Im Drehbuch stand nur ein Satz: „Er fällt vom Stuhl und stirbt."[89] Im Film starb ein Schiffsarzt, aber mit ihm auch ein Teil von Oskar Werner.

Die Oscar-Nominierung und der weltweite Erfolg des Films brachten weitere Angebote. Werner behauptete immer wieder, er hätte dreihundertmal wegen künstlerischer Einwände seinerseits nein gesagt. Auch wenn er die Zahl aufgerundet haben sollte, seine Art, bereits an den Drehbüchern mitarbeiten zu wollen, oder seine Wünsche, sie während der Drehzeit plötzlich umarbeiten zu lassen, waren in der Branche bekannt und gefürchtet. Selbst Stanley Kramer, mit dem er auch privat sehr freundschaftlich verbunden war, bekam einen Korb, als er ihm im Streifen *Das Geheimnis von Santa Vittoria* die Rolle eines „sympathischen Nazis" anbot. Werner hat zu diesem Fall eine arithmetische Gleichung entwickelt: „Wenn jemand gut ist und ein Nazi, dann ist er nicht intelligent. Wenn jemand intelligent ist und ein Nazi, dann ist er nicht gut. Und wenn jemand gut und intelligent ist, dann ist er kein Nazi."[90]

In dem Film *Der Spion, der aus der Kälte kam (The Spy who came in from the Cold,* 1965) spielte er an der Seite von Richard Burton, Peter van Eyck und Claire Bloom. Der sogenannte „Thriller" wurde nach dem Welt-Bestseller von John le Carré gedreht und wird heute noch gern im Fernsehen gezeigt.

Wichtiger erscheint manchen Cineasten der Film *Fahrenheit 451* (1966) von François Truffaut. Der französische Regisseur holte für die Hauptrolle dieser Science-Fiction-Story wieder seinen Jules. Die Zusammenarbeit verlief aber bei weitem nicht so harmonisch als vier Jahre zuvor. Es gab wieder Sprachprobleme, aber diesmal anderer Art. Bei *Jules et Jim* konnte Werner nicht Französisch, bei *Fahrenheit 451* Truffaut nicht Englisch (der Film wurde in England und in englischer Sprache gedreht). Außerdem waren Regisseur und Hauptdarsteller über grundlegende Stilprobleme des Streifens nicht einig. Truffaut hatte das Drehbuch nach einem Roman von Ray Bradbury geschrieben: In einem zeitlich und örtlich nicht näher definierten Land der Zukunft lebt der Feuerwehrmann Montag (Oskar Werner) inmitten einer Gesellschaft, in der es verboten ist, Bücher zu lesen, und in der die Feuerwehr die Aufgabe hat, Bücher zu verbrennen. Montag muß also Feuer legen statt Feuer zu löschen. Als er eines Tages unter dem Eindruck einer Begegnung mit der jungen Lehrerin Clarisse (Julie Christie) selbst der Faszination des Lesens erliegt, wird er verraten und flieht mit ihr in die Wälder, wo Bücherfreunde leben, die ihre Lieblingslektüre auswendig gelernt haben, um sie der Nachwelt zu erhalten.[91] Der Titel bezeichnet den Angelpunkt der Geschichte: bei 451 Grad Fahrenheit beginnt Papier zu brennen.

Der Film war sehr umstritten. Kritiker, die sich nicht unbedingt von Truffauts Berühmtheit haben blenden lassen, bemängelten Fehler in der Logik, die an sich jedem Regieassistenten hätten auffallen müssen, und eine Verniedlichung des Themas. Ähnlicher Meinung war Oskar Werner: „... ich habe als Bub in der Kristallnacht gesehen, wie die Synagogen brannten und die SA Scheiterhaufen mit Büchern von Sigmund Freud und Stefan Zweig errichteten. Mir war deshalb Truffauts Darstellung zu klein und zu billig."[92]

Fahrenheit 451 ist trotz aller Einwände ein sehr bekannter und zur Diskussion herausfordernder Film geworden. Die weiteren zwei Streifen, in denen Werner mitspielte, waren dagegen eindeutig schlecht. *Zwischenspiel* (*Interlude*, 1968) knüpfte an die Musikerbiographien der fünfziger Jahre an, ohne die Veränderung, die das Publikum inzwischen durchgemacht hat, zu berücksichtigen. Die Kurzfassung der Handlung sagt alles: „Verheirateter Stardirigent verliebt sich in eine junge Reporterin, die aber auf den Geliebten verzichtet, als dessen Frau eine Entscheidung verlangt."[93] Werner hat sich nachher bitter beklagt, daß man die Szenen, in denen er dirigierte, großteils wieder herausgeschnitten hat. Er hatte vorher Unterricht im Dirigieren genommen und sich auf die Rolle gefreut. Er meinte, „man wird Schauspieler, weil man Hamlet, einen Dirigenten und Napoleon spielen will. Den Hamlet und den Dirigenten hätte ich nun geschafft."[94] Die übriggebliebenen Aufnahmen, in denen man Werner in der Nahaufnahme sieht, wie er das Royal Philharmonic Orchestra dirigiert, sind zwar äußerst faszinierend, können den kitschigen Film aber nicht retten.

Der im selben Jahr gedrehte Film *In den Schuhen des Fischers (The Shoes of the Fisherman)* erzählt die Geschichte eines aus sowjetischer Gefangenschaft entlassenen Erzbischofs, der zum Papst gewählt wird. Dieser Papst versucht, durch einen beispielgebenden Verzicht der Kirche auf materielle Güter einen neuen, dritten Weltkrieg zu verhindern. Werner spielte einen jungen Theologen, den Berater des russischen Papstes. Gedreht wurde in Rom, und vor der imposanten Kulisse der „Ewigen Stadt" entstand unter der Regie von Michael Anderson ein gewaltiger Film-Schinken. Werner befand sich aber in guter Gesellschaft, den Papst spielte Anthony Quinn, weitere große Rollen Laurence Olivier und Vittorio de Sica...

Es wäre wahrscheinlich noch jahrelang so weitergegangen: ein großer Film nach dem anderen, sehr gute Filme und weniger gute, auch schlechte — wie es eben die anderen auch machten.

Doch plötzlich hört die Serie der Filme auf. Wurden Werner keine Filmrollen mehr angeboten — oder hat er alle abgelehnt? Oder war er der vielen „Geliebten" überdrüssig geworden? Er versuchte es wieder mit der „Ehefrau" und ließ kundtun, daß er bereit wäre, wenn schon nicht am Burgtheater, so doch bei den Salzburger Festspielen mitzuwirken. Nach fast zweijähriger Planung steht das Projekt fest: Im Salzburger Landestheater wird er 1970 im Rahmen der Festspiele den Hamlet spielen. Da er keinen Regisseur neben sich duldet, führt er selbst Regie. Warum auch nicht? Gründgens inszenierte und spielte Faust ebenfalls, und ein Beispiel soll man sich nur an den Größten nehmen.

Wieder einmal waren die Voraussetzungen zu einer Staggione-Produktion, in der Werner für alles verantwortlich zeichnete, denkbar gut. Die Besetzung war sogar besser als damals, 1956, am Wiener Josefstädter Theater: Claudius — Ewald Balser, Polonius — Fred Liewehr, Königin — Antje Weisgerber (die für lange Jahre für Werner auch die Rolle der Muse übernahm), Horatio — Achim Benning. Die sechs geplanten Vorstellungen waren bei Vorverkaufsbeginn (fast 8 Monate vor der Premiere!) innerhalb von einem Tag ausverkauft. Oskar Werner als Hamlet war immer noch eine Attraktion; allein die schriftlichen Kartenbestellungen hätten für die doppelte Vorstellungsanzahl gereicht. Das Festspieldirektorium blieb aber unflexibel und war nicht bereit, weitere *Hamlet*-Abende anzusetzen.[95]

Die Proben laufen weniger gut. Werner kümmert sich nur um seine Rolle, trinkt mehr Alkohol, als er sollte, läßt Termine ausfallen. Die routinierten Kollegen arrangieren sich, ersetzen die ordnende Hand des anscheinend nicht vorhandenen Regisseurs, besprechen ihre Szenen untereinander. Fragmente aus Lothar Müthels Inszenierung mischen sich mit mehreren anderen *Hamlet*-Fassungen. Jeder bringt seine eigene Version. Der Premierentermin naht, Gerüchte ziehen durch Salzburg. Und es entsteht der unglückliche Effekt, daß die Premierenbesucher gar nicht *Hamlet* sehen wollen, sondern die Bestätigung dieser Gerüchte. (Aus ähnlicher Motivation füllen sich 13 Jahre später die Reihen des Brauhofsaales in Krems...)[96]

Die Premiere brachte daher keine wirkliche Überraschung und wurde gründlich verrissen.

„Als ein Schauspieler, den Gott begnadet hat, ist Oskar Werner nicht unbedingt verpflichtet, zu verstehen, was er inszeniert", schrieb Piero Rismondo und behandelte ausschließlich Werners Regiearbeit. Der Kritiker der „Wiener Zeitung" war weniger gnädig und setzte sich auch mit dem Hamlet-Darsteller auseinander. Was er zu lesen gab, glich einem Todesurteil. Dem einst mit Moissi und Kainz verglichenen „eminenten Schnellsprecher, der die Worte in einem punktierenden Stakkato vorwärts peitscht, um mit ihnen wie mit einem

Florett zuzustoßen" (1956), wurden „lautliche Merkwürdigkeiten" vorgeworfen und daß er „sprachlich einige Wünsche offen läßt".[97]

Die beiden Enden der Kerze waren einander ein gewaltiges Stück näher gekommen.

Jahre vergingen. Jahre der bedingungslosen Einsamkeit. Die „Jalousie" war heruntergelassen, dicht geschlossen. Wenn irgendeiner seiner Filme wieder aufgeführt wurde, stöberten eifrige Kolumnisten Werner in seinem Refugium auf und bekamen prompt, was sie erwarteten. Trotzige, fetzige Antworten, gemischt mit durch ewige Wiederholung abgedroschen und kraftlos gewordenen Bemerkungen zur Kunst im allgemeinen.

Oskar Werner wurde fünfzig, die Zeitungen schrieben ellenlange Würdigungen und versäumten nicht zu erwähnen, daß man sein Alter sich kaum vorstellen könne, sein jugendliches Gesicht strafe seine Jahre Lügen.

Werner trank nun immer haltloser, es gab ja für ihn keine Aufgabe, die es wert gewesen wäre, seine Sinne zu sammeln. Das aufgepeitschte Nervensystem erlaubte ihm nur mehr zwei, drei Stunden Schlaf täglich, und der einst passionierte Hobbykoch aß nur, wenn es unbedingt sein mußte.[98]

Plötzlich, im Jänner 1975, kehrte Werner nach Wien zurück. Nur für einen Abend. Er ließ eine Lesung im Großen Musikvereinssaal ankündigen: Gedichte von Goethe, Schiller und Weinheber. Die kurze Zeitungsnotiz reichte, um den Saal bis zum letzten Winkel zu füllen (2000 Plätze!). „Ein hellwaches Publikum, das nicht zu husten wagte, das den Atem anhielt und eine Spannung erzeugte, in der die berühmte fallende Stecknadel als Störung empfunden worden wäre, das sich schließlich geschlossen zu einem halbstündigen Schlußapplaus mitreißen ließ..."

Die Kritiker jubelten wie in den längst vergangenen großen Burgtheaterzeiten Werners und schrieben eigene Abhandlungen über seine Sprechkunst (19. Jänner 1975).[99]

Der kurze Sieg reichte dem Künstler anscheinend vollauf. Er verschwand wieder für längere Zeit hinter seinen Triesenschen Mauern.

Zwei Jahre später schlug im Wiener Kulturleben eine kurze Ankündigung des Theaters in der Josefstadt wie eine Bombe ein: Werner hatte sich bereit erklärt, 1978 an diesem Theater den *Faust* zu spielen. Und selbstverständlich auch zu inszenieren. Ernst Haeusserman, inzwischen selbst durch die „Versenkungsanlage" des Burgtheaters gerutscht, saß wieder an einem der beiden Direktionsschreibtische der Josefstadtbühne und versuchte, trotz des Salzburg-Debakels mit *Hamlet*, trotz der unkenden Stimmen aus allen Richtungen, Werner wieder auf die Bühne zu bringen. Der „verlorene Sohn kehrt heim", schrieben die Zeitungen, und es galt, dem *Faust*-Projekt Glauben zu schenken. Besetzung, Bühnenbild und Kostüme wurden eifrig besprochen, Kostenvoranschläge wurden eingeholt, die Direktion des Josefstädter Theaters nahm die Sache sehr ernst, es sollte ja auch eine Art Wiedergutmachung sein für verlorene Burgtheater-Jahre.

Plötzlich blockte Werner ab. Nicht direkt, sondern hintenherum. Er sandte einen achtzeiligen Brief aus Liechtenstein, wo er angeblich emsig am Faust-Projekt arbeitete, an die zwei Josefstadt-Direktoren: „... meine Invoice-Forderung vom 9. II. ist bis heute ohne Reaktion geblieben. Da ich mich nicht in Schwierigkeiten wie anno dazumal am Burgtheater mit der Bundestheaterverwaltung begeben möchte, kündige ich unsere Vereinbarung hiemit, wenn nicht telegraphisch umgehend meine Auslagen beglichen werden ..." Gemeint waren die Kosten in der Höhe von öS 10.940,— für eine Reise nach Wien anläßlich einer Bauprobe.

Man wird das fatale Gefühl nicht los, daß es hier nur um einen mühsam zurechtgezimmerten Vorwand ging, der Wiederkehr auf die Bühnenbretter aus dem Wege zu gehen. Höchst wahrscheinlich wollte Werner gar nicht mehr richtig spielen; der Kontakt zum Publikum war bei den Leseabenden gegeben, das Erfolgserlebnis relativ mühelos hergestellt — und das Liechtensteiner Haus bedeutete Geborgenheit, Sicherheit in der so geliebten, ihm heiligen Einsamkeit.

Es kam zu peinlichen und in der Tagespresse genüßlich breitgetretenen Gerichtsverhandlungen, Werner klagte ein Drittel einer Phantasie-Gage ein, das Josefstadt-Direktorium-Duo Stoß — Haeusserman weigerte sich, Werners Forderung nachzukommen — und behielt recht. Ein Jahr später tauchten Gerüchte über Verhandlungen zwischen dem Österreichischen Fernsehen und Werner auf. Die Gerüchte wurden vom Programmdirektor bestätigt, das *Faust*-Projekt übersiedelte zum elektronischen „großen Bruder". Das Fernsehen hat „alles Menschenmögliche unternommen und versuchte, den Wünschen Oskar Werners gerecht zu werden"[100], und erlitt ein Jahr später genauso Schiffbruch wie das Josefstädter Theater zwei Jahre zuvor.

Oskar Werner wurde 60 Jahre alt und konnte in den Jubiläumsartikeln das gleiche lesen wie zehn Jahre vorher. Nur — in diesen zehn Jahren war nichts geschehen. Er hatte sich seiner Umwelt verweigert und lebte nur mehr in seiner eigenen Welt. Da war er zu Hause und fand sich zurecht.

Im Januar 1983 kehrte Werner von den Klatschspalten der Boulevardpresse auf die Kulturseiten der Tageszeitungen zurück. Eine von Oskar-Werner-Verehrern kaum mehr erhoffte Meldung ließ auch die Insider des Wiener Kulturlebens aufhorchen: Achim Benning, seit 1976 Burgtheaterdirektor, konnte das positive Ergebnis seiner jahrelangen Bemühungen, Werner noch einmal an das Haus seiner einstigen Triumphe zurückzuholen, bekanntgeben. Das Projekt war bis ins kleinste Detail vorgeplant und schien viel realistischer zu sein als die verschiedenen Faust-Gerüchte zuvor. Werner sollte mit der Titelrolle von Shakespeares *Julius Cäsar* heimkehren. Diese Idee hatte einige offensichtliche Pluspunkte. Erstens ist Cäsar bei weitem nicht die größte Rolle des Stücks. Der Mord im römischen Senat in den Iden des März, der seinem Leben ein Ende setzte, kommt in Shakespeares Drama relativ früh vor. Die zweite Hälfte muß ohne den Titeldarsteller auskommen. Aber auch um die menschliche Seite der Produktion hatte sich Benning intensiv gekümmert. Die besten Regieassistenten des Hauses — Werner war selbstverständlich nur dann bereit, aufzutreten, wenn er auch die Inszenierung innehatte — wären ihm aufgeboten gewesen. Der am Burgtheater als Dramaturg arbeitende renommierte tschechische Exil-Autor Pavel Kohout hatte schon eine Stück-Bearbeitung parat. Die übrigen Rollen waren nicht nur erstklassig besetzt, sondern auch behutsamst aus der Schar der Werner-Freunde und -verehrer ausgewählt. Die Vorstellung „wäre zwar keine Sternstunde der Shakespeare-Interpretationen gewesen"[101], aber sie hätte den Zweck erfüllt: „... den Bann zu brechen und diesen großen österreichischen Schauspieler wieder auf eine österreichische Bühne zu bringen."[102]

Werner klebte ein riesiges Plakat an die Tür seines vor einigen Jahren erstandenen Wiener Domizils in der Trautsongasse im 8. Wiener Gemeindebezirk: „Cäsars geheimes Feldlager". Er „arbeitete" hier wie besessen. Er sprach zum Beispiel im nächtelangen Trancezustand das ganze Stück auf Band und benutzte dabei seine sprichwörtliche Begabung, andere Schauspieler zu imitieren: So entstand eine „Vorstellung", an der längst verstorbene Kollegen mitwirkten.[103] Einige wenige Weggefährten begleiteten Werner in sein „geheimes Feldlager" und halfen ihm in „bedingungsloser Ergebenheit"[104], sich von der Umwelt abzuschirmen.

Herbert von Strohmer, ehemaliger Vize-Direktor der Wiener Staatsoper, wurde von Werner zu seinem „künstlerischen Generalsekretär" ernannt und war für ihn der Kontakt zur Realität.[105]

Der Wiener Taxiunternehmer Erich Stangl aber war vielleicht die letzte ständige Bezugsperson in Werners Leben. Wie Kronprinz Rudolf, der in einem Wiener Fiaker namens Bratfisch seinen ständigen Kutscher hatte, so hatte auch Werner in

Stangl, scherzhaft ebenfalls „Bratfisch" genannt, seinen Leib-
chauffeur und Haushofmeister.

Die Premiere von *Julius Cäsar* war für Dezember 1983 ange-
setzt. Das „Finale in Krems" ließ sie nicht mehr stattfinden.
Oskar Werner hat sich selbst der Möglichkeit beraubt, noch
einmal die Bühne „seines" Theaters zu betreten.

OSKAR WERNER PRODUCTIONS

DEPARTMENT OF STRATFORD FILM COMPANY ESTABLISHMENT

FL 9495 TRIESEN PRINCIPALITY OF LIECHTENSTEIN
TEL. (075) 2 14 10   CABLE WERNER TRIESEN

Wien, 1984-04-04

An meine Freunde

Früher habe ich in Wien immer das Handtuch
geschmissen und bin gegangen – diesmal habe
ich vor nicht zu weichen, nicht einen
Zentimeter, nicht einen Millimeter.

Ich will in Wien mein eigenes Theater haben.
Ich bitte meine Freunde mir zu helfen. Wie ich
es ausstatten werde, weiss ich. Ich habe bei
meinem Vorbild BARRAULT gelernt.

Ich wurde aus dem Burgtheater hinausgeschmissen.
BARRAULT aus dem Odeon von niemand geringerm als von
ANDRÉ MALRAUX, ich von einem Geringeren.

Ich habe vor in Wien meine eigene Truppe zu
gründen. Ich brauche nur einen Schauplatz.
Helft mir ihn zu finden.

Auch BARRAULT wurde verbannt aus dem Gare d'Orsay,
aber er hat weitergespielt. Ich werde auch weiterspielen.

Ich weiss wie man das macht. Ich suche nur eine
Halle wo ich meine Pawlatschen aufstellen kann.

Ich habe vor meine Company als Cartell zu gründen –
das heisst SHAKESPEARE SHARE- COMPANY also
Aktiengesellschaft. Ich lade meine Freunde ein
sich zu beteiligen. Der TEIXL verspricht, er
wird pünktlich und unter Kontrolle abrechnen.

Seid mir willkommen bei meinem blödsinnigen
Unternehmen.

Euer

OSKAR WERNER

81, RUE ST. DOMINIQUE
F 75 007   PARIS 7e
TEL.   705 71 61

TRAUTSOHNGASSE 3/2/1
A 1080 VIENNA/AUSTRIA
TEL.   43 52 96

*„Als sie eintraten, sahen sie an der Wand ein wunder-
volles Bildnis ihres Herrn hängen ... in all dem erlesenen
Zauber seiner Jugend und Schönheit."*

Oscar Wilde: Das Bildnis des Dorian Gray

EPILOG

Die Nachrufe sind geschrieben worden. Oskar Werner gehört
nunmehr seiner Nachwelt und kann sich nicht mehr dagegen
wehren. Er hätte wahrscheinlich viel auszusetzen gehabt an
dem, was man über ihn anläßlich seines einsamen Todes
schrieb. Dasselbe gilt sicherlich für diese Zeilen. Ein Resümee
über sein Leben zu ziehen, ein Urteil über seine Kunst zu fäl-
len, ihm den Vorwurf anzulasten, sich seinem eigenen Talent
verweigert zu haben — für all dies ist es noch reichlich zu früh.

Die Phase der *Spurensicherung* soll deswegen nicht endgültig
abgeschlossen werden. Diese wenigen Kapitel, die das Leben
und Wirken Oskar Werners hier einzufangen versucht haben,
sollten daher als Anregung zu weiteren Auseinandersetzungen
mit Werners Persönlichkeit verstanden werden. Der Zugang
zu Quellen wurde vielleicht erleichtert, Material geordnet.
Sollten Emotionen geweckt worden sein, ist es mit voller Absicht geschehen. Denn: über Oskar Werner kann man auf ver-
schiedenste Weise schreiben — ohne Gefühl ist es nicht möglich. Sein erlebtes und erlittenes Schicksal fordert zur Stellungnahme heraus, ja verpflichtet sogar dazu.

Als Abschluß sollen hier, ohne weiteren Kommentar, noch
einige Zitate angeführt werden dürfen. Alle jene Kritiker, die

sich jahre- oder jahrzehntelang beruflich mit dem Phänomen Oskar Werner auseinanderzusetzen hatten, waren immer wieder mit dem Problem konfrontiert, Werners Stimme beschreiben zu müssen. Im Zeitalter des Ton- und Videobandes blieb uns der Klang seiner Stimme erhalten. Die von ihm gestaltete Dichtung fordert die Nachwelt ebenso zur Auseinandersetzung heraus wie einst die Zeitgenossen.

„Wie Oskar Werner seine Stimme einzusetzen versteht, das läßt den Vergleich mit einem Musikinstrument nicht banal erscheinen. Sie kann weich sein und spröde, schrill und sonor, glashart und melodiös. Er kann die Vokale auf seine unvergleichliche Art klingen lassen, ohne manieriert, Zwischentöne abrupt abreißen, ohne unausgeglichen zu wirken. Seine Wahrheit erscheint nie als ein vordergründiges plattes Abbild, sondern immer als eine höhere, künstlerische Wahrheit."

„,Oskar Werner spricht Goethe, Schiller, Weinheber' kündigte das Programm an. Das war eigentlich eine Falschmeldung. Oskar Werner las nicht, er hat aber auch nicht gesprochen: Jedes einzelne Gedicht war vielmehr gestaltet. Jede Dichtung hatte ihre eigene Sprache, in welcher das innere Leben zu Gestalt und Ausdruck wurde. So oftmals und verschiedenartig man etwa Goethes *Erlkönig, Fischer* und *Zauberlehrling* oder Schillers *Bürgschaft,* aber auch den heroischen oder wienerischen Weinheber hörte, der Eindruck war diesmal so anders, als ob man Neues zum erstenmal vernähme."

„Ein Künstler, dessen Stimme ein so unverkennbares und unnachahmlich-faszinierendes Timbre besitzt, ein Künstler, der mit jedem Wort die feinsten Regungen der Seele zum Schwingen bringt, dessen Stimme die Skala der Empfindungen bis in kleinste, ja allerkleinste Nuancen vollendet wiedergeben kann..."

„Er hat den Glockenton für *Prometheus,* die helle Melodie für *Der Fischer,* die dramaturgische Kraft für *Erlkönig,* den Humor für *Der Zauberlehrling,* die Ironie für *Die Legende vom Hufeisen,* den Feueratem für *Der Gott und die Bajadere.* Er ist der Archetyp des Jünglings der *Bürgschaft*. Und er wird wie keiner Weinheber gerecht. Denn in ihm wohnt die tödliche Sehnsucht, die Inbrunst, die Träne der Seele ebenso wie der besinnliche Witz. So kann er sowohl Kammermusik wie ‚Waasst? Net? Verstehst?' überzeugend Klang werden lassen."

„Kaum, daß er einmal die delikat-ausdrucksvolle mezza voce überschreitet. Sensibel und kritisch zugleich, formt er jeden Satz in Weinhebers kunstvollem, lyrischem Gebäude. Ganz so als wäre es Kammermusik der Sprache und des Herzens..."

„Dazu besitzt Oskar Werner eine der intensivsten, packendsten Stimmen, die ich kenne. Jedes Wort kann er auf der Zunge zergehen lassen, jeden Gefühlswinkel ausleuchten..."

„Werner sprach Goethe, Schiller und Weinheber und zeigte in einer Ära des allgemeinen Sprachverfalls, was man mit der Sprache alles bewirken kann. Neben der exzellenten Sprechtechnik, die alle Register beherrscht, vom heftigsten Zorn bis zur zartesten Gemütsregung, besticht das Timbre der Stimme, das etwas Einschmeichelndes, zu Herzen Gehendes besitzt."

„Da klang der Wiener Dialekt wie Schubert-Musik, so reich an Melodie."

„Wie kraftvoll und biegsam ist sein Organ, wie raffiniert wechselt er die Register, die von metallener Härte bis zum zärtlichen Flüsterton reichen!"

„Das Geheimnis seiner weichen, zärtlichen, fordernden Sprachmelodie, die bis zu einem wunden und wehen Aufschluchzen emporsteigen kann, ist nicht in einer individuellen schauspielerischen Veranlagung, sondern in etwas viel Allgemeinerem, nämlich im Zeitgefühl und in der Lebensödnis einer Generation zu suchen."[106]

Man wird sich seiner noch lange erinnern. Sehr lange.

ANHANG

ANMERKUNGEN

1 Kurier, 9. 8. 1983
2 Ebd., 12. 3. 1983
3 Gespräch des Autors mit Ewald Mayr
4 Die Presse, 21. 6. 1983
5 profil, Nr. 32/1983
6 Die Presse, 1. 8. 1983
7 Fernsehinterview, 1971, und Wiener, Dezember 1981
8 Erik G. Wickenburg, Kleine Geschichte Österreichs, Frankfurt 1958, S. 161
9 Expreß, 22. 12. 1962, und Fernsehinterview, 1971, a. a. O.
10 Neue Illustrierte Wochenschau, 26. 3. 1961, Expreß, a. a. O.
11 Kurt Schuschnigg, Ein Requiem in Rot-Weiß-Rot, Zürich 1946, S. 38 f
12 Zitiert in: Gottfried Franz Litschauer — Walter Jambor: Österreichische Geschichte, Wien 1974, 5. Aufl., S. 348
13 Expreß, a. a. O., profil, Nr. 47/1979
14 Ernst Haeusserman, Das Wiener Burgtheater, Wien 1975, S. 119
15 Ebd., S. 120
16 Kurt Kahl, Die Wiener und ihr Burgtheater, Wien 1974, S. 120
17 Fred Hennings, Heimat Burgtheater 3, Wien — München 1974, S. 48 f
18 Ingfriede Dumser, Lothar Müthel und das Burgtheater, Phil. Diss., Wien 1959, S. 47 f
19 Kahl, a. a. O., S. 121
20 Rede des Gebietsführers Günter Kaufmann im Burgtheater, Staatsdruckerei Wien 13.377 40/41
21 Beide 19. 11. 1942
22 Expreß, a. a. O.
23 Große Volkszeitung, 7. 5. 1943, und Wiener Neueste Nachrichten, 6. 5. 1943
24 Hennings, a. a. O., S. 63
25 Ebd., S. 65
26 Haeusserman, a. a. O., S. 127
27 Friedrich Schreyvogl, Das Burgtheater, Wirklichkeit und Illusion, Wien 1965, S. 160
28 Arbeiter-Zeitung, 18. 12. 1945, Wiener Kurier, 15. 12. 1945, Volksstimme, 16. 12. 1945
29 Zitiert in: Hennings, a. a. O., S. 104
30 Kahl, a. a. O., S. 125
31 Tagblatt am Montag, 20. 9. 1948, Wiener Kurier, 14. 9. 1948, Die Presse, 18. 9. 1948
32 Kahl, a. a. O., S. 125
33 Christa Haan, Werner Krauß und das Burgtheater, Phil. Diss., Wien 1970, S. 63
34 Wiener Tageszeitung, 2. 12. 1948
35 Walter Fritz, Kino in Österreich 1945—1983, Wien 1984, S. 23

36 Ebd., S. 19
37 Ebd., S. 31
38 Illustrierter Film-Kurier, September 1948, Nr. 503
39 Filmkunst Nr. 2 (1950), S. 157
40 Beide Kritiken von Edwin Rollett in: Wiener Zeitung, 31. 12. 1959 und 11. 6. 1950
41 Rundfunkinterview anläßlich Oskar Werners Tod, Österreichischer Rundfunk, 23. 10. 1984
42 Wiener Zeitung, 18. 2. 1951, Edwin Rollett
43 Wochenpresse, 24. 2. 1951, Salzburger Nachrichten, 19. 2. 1951, Wiener Zeitung, 18. 2. 1951, Die Presse, 18. 2. 1951
44 ro-ro-ro Filmlexikon, Frankfurt 1977, Bd. 1, S. 289
45 Ulrich Gregor — Enno Patalas, Geschichte des modernen Films, Gütersloh o. J., S. 199
46 Illustrierter Film-Kurier, September 1952, Nr. 1332
47 Wochenpresse, 7. 3. 1959
48 Fernseh-Interview, 1971, a. a. O.
49 Ebd.
50 Wickenburg, a. a. O., S. 168
51 Hennings, a. a. O., S. 117
52 Burgtheater 1776—1976, Aufführungen und Besetzungen von zweihundert Jahren, 2 Bände, Wien o. J., Bd. 1, S. 690
53 Zitiert wurden: Bildtelegraf, 24. 10. 1955 (Hans Weigel), Neuer Kurier, 24. 10. 1955 (Friedrich Torberg), Die Presse, 25. 10. 1955 (Oskar Maurus Fontana), Österreichische Neue Tageszeitung, 23. 10. 1955
54 Telegraf am Sonntag, Berlin, 10. 6. 1955
55 profil, Nr. 47/1979, Die Presse und Wiener Zeitung, 4. 9. 1956
56 Fritz, a. a. O., S. 52
57 Zitiert ebd., S. 69
58 Multimedia, Zeitschrift für kritische Medienarbeit, Wien 1973, Nr. 10 286
59 Josef Schuchnig, G. W. Pabst und die Darstellung der neuen Sachlichkeit im Film, Phil. Diss., Wien 1976, Bd. II., Der letzte Akt, S. 2
60 Wiener Zeitung, 17. 4. 1955
61 Schuchnig, a. a. O., Bd. I., S. 193
62 Fritz, a. a. O., S. 72
63 Ein nur teilweise veröffentlichtes Interview für die „Bunte" von Ludwig Heinrich, Manuskript, S. 1f
64 Illustrierter Film-Kurier, Dezember 1955, Nr. 2397
65 Wiener, a. a. O.
66 Rundfunkinterview, 22. 10. 1984, a. a. O., Salzburger Nachrichten, 29. 8. 1981
67 Telegraf am Sonntag, a. a. O.
68 Der Spiegel, 10. 12. 1958
69 Tiroler Nachrichten, 1. 7. 1959, Funk und Film, 19. 9. 1959
70 Haeusserman, a. a. O., S. 147

71 Ebd., S. 155

72 Schreyvogl, a. a. O., S. 195

73 Haeusserman, a. a. O., S. 158

74 Ebd., Paul Blaha über die Ära Haeusserman, S. 164

75 Illustrierte Kronen-Zeitung, 20. 2. 1960, Österreichische Neue Tageszeitung, 20. 2. 1960, Die Presse, 20. 2. 1960

76 Reihe Film 1.: François Truffaut, München — Wien 1975, 2. Aufl., S. 89 (Zitat und Inhaltsangabe)

77 Wie sie filmen, hrsg. von Ulrich Gregor, Gütersloh 1966, S. 167

78 Kurier Mittagsausgabe, 10. 3. 1962

79 Heinz Kindermann, Shakespeare und das Burgtheater, Österreichische Akademie der Wissenschaften, Philosophisch-Historische Klasse, Sitzungsberichte, 245. Band, 1. Abhandlung, Wien 1964, S. 22

80 Schreyvogl, a. a. O., S. 106, Handl, zitiert in: Wochenpresse, 7. 3. 1959

81 Expreß, 24. 10. 1960, und Die Presse, 25. 10. 1960

82 Rundfunkinterview, 23. 10. 1984, a. a. O.

83 Die Presse, 9. 2. 1961

84 Die Presse, 4. 2. 1963, New York Times, 2. 6. 1968

85 Fernsehinterview, 1971, a. a. O.

86 Rundfunkinterview, 23. 10. 1984, a. a. O.

87 Reihe Film 10., New-Hollywood, München — Wien 1976, S. 7

88 New York Times, 25. 7. 1965

89 Ebd., 2. 6. 1968

90 Oberösterreichische Nachrichten, 15. 7. 1978

91 Reihe Film 1., a. a. O., S. 98

92 Wiener, a. a. O.

93 Film-Dienst Köln 15800/9

94 Expreß, 11. 12. 1968

95 Wochenpresse, 29. 7. 1970

96 Mehrere Gespräche des Autors mit Augenzeugen, die anonym bleiben wollen.

97 Die Presse und Wiener Zeitung, 31. 7. 1970

98 Siehe Anmerkung 96

99 Die Presse, 21. 1. 1975

100 Neue Kronen-Zeitung, 30. 9. 1981

101 Achim Benning in einem Gespräch mit dem Autor am 31. 10. 1984

102 Benning im Kurier, 26. 1. 1983

103 Siehe Anmerkung 96

104 profil, Nr. 7/1983

105 Gespräch des Autors mit Herbert von Strohmer

106 Zitate in der Reihenfolge: Die Presse (Karin Kathrein), 21. 1. 1975; Wiener Zeitung (R. H.), 24. 3. 1961; Kurier (Anny Eder), 10. 3. 1962; Die Presse (gob), 27. 2. 1967; Kurier (KHR), 27. 2. 1967; Kronen-Zeitung (M. S.), 22. 10. 1976 und 21. 1. 1975 (Viktor Reimann, zweimal); Wiener Zeitung (F. K.), 28. 2. 1967; Neue Österreichische Tageszeitung (Ernst Wurm), 2. 9. 1956

BURGTHEATERAUFFÜHRUNGEN,
AN DENEN OSKAR WERNER MITGEWIRKT HAT

Das erste Datum zeigt den Tag der Premiere des Stückes an, dann folgt der Titel und der Name der Rolle; wenn Werner erst später den Part übernommen hat, folgt das Datum der Übernahme.
(AKAD Akademietheater, RED Redoutensaal)

Spielzeit 1941/42

9. 12. 1939
Heroische Leidenschaften Giuliamo Mocenigo
                                            ab 11. 10. 1941
4. 9. 1940
Justitia Hans Heizberg 12. 10. 1941
6. 9. 1941
Das Prinzip Peter Irle 13. 10. 1941

Spielzeit 1942/43

15. 4. 1942
Das Käthchen von Heilbronn Gottfried Fiedeborn 27. 8. 1942
25. 6. 1942
Was ihr wollt Sebastian 31. 8. 1942
14. 10. 1938
Don Carlos Alexander Farnese 2. 9. 1942
25. 10. 1940
Der Franzl Lipp 1. 11. 1942
17. 11. 1942
Florian Geyer Sohn Premiere
29. 1. 1943 AKAD
Die Zwillinge aus Venedig Florindo Premiere
10. 3. 1943 AKAD
College Crampton Schüler Premiere
26. 3. 1943
Maximilian von Mexiko Francisco Premiere

1. 12. 1938		
Lumpazivagabundus	Fludribus	30. 3. 1943
5. 5. 1943 AKAD		
Erde	Knechtl	Premiere
19. 2. 1942		
Gregor und Heinrich	Edelknecht	8. 6. 1943

Spielzeit 1943/44

1. 10. 1943		
Wallensteins Lager	Bauernknabe	Premiere
4. 10. 1941		
Die beiden Klingsberg	Leutnant	28. 2. 1944
13. 2. 1942		
Iphigenie in Delphi	Aiakos	4. 4. 1944
30. 5. 1942		
Candida	Marchbanks	11. 4. 1944
9. 12. 1939		
Maria Stuart	Page	29. 4. 1944
23. 3. 1944		
Die unheilbringende Krone	Ewald	15. 5. 1944
23. 1. 1944		
Der Nibelungen Not	Giselher	10. 6. 1944

Spielzeit 1945

13. 6. 1945		
Jedermann	Spielansager	Premiere
15. 6. 1945		
Die Thompson Brothers	Ein Artist	4. 7. 1945

Spielzeit 1945/46

22. 9. 1945		
Liliom	Holunder	Premiere
14. 12. 1945 AKAD		
Die andere Mutter	Michael	Premiere

11. 5. 1946 RED		
Der Misanthrop	Clitander	Premiere
4. 6. 1946		
Kalypso	Stymphalischer Vogel	Premiere

Spielzeit 1946/47

25. 8. 1946 AKAD		
Unverhofft	Berg	Premiere
14. 12. 1946 RED		
Über allen Zaubern Liebe	Leoporell	Premiere
25. 1. 1947		
Die Räuber	Schufterle	Premiere
29. 3. 1947 RED		
Madame L'Archiduc	Beppino	Premiere
1. 12. 1938		
Lumpazivagabundus	Maler	14. 5. 1947
12. 6. 1947 AKAD		
Mit achtzehn Jahren	Amédée Legros	Premiere

Spielzeit 1947/48

7. 2. 1948		
Faust	Ein Schüler	Premiere
22. 5. 1948		
So war Mama	Nils	Premiere
10. 6. 1948		
Der Turm	Kinderkönig	Premiere

Spielzeit 1948/49

12. 9. 1948		
Des Teufels General	Hartmann	Premiere
26. 9. 1948 AKAD		
Der Feigling	Jacques	Premiere
20. 10. 1948		
Verkündigung	Jacques	Premiere

30. 11. 1948
Egmont   Brackenburg   Premiere
19. 3. 1949
Julius Cäsar   Zweiter Bürger   Premiere
9. 4. 1949
Aurélie   Lehrer   Premiere

Spielzeit 1950/51

16. 2. 1951
Der Gesang im Feuerofen   Louis Creveaux   Premiere

Spielzeit 1955/56

22. 10. 1955
Don Carlos   Don Carlos   Premiere

Spielzeit 1959/60

18. 2. 1960
König Heinrich IV.   Prinz Heinrich   Premiere
2. 4. 1960
Torquato Tasso   Torquato Tasso   Premiere

Spielzeit 1960/61

22. 10. 1960
Becket oder die Ehre Gottes   Thomas Becket   Premiere
7. 2. 1961
König Heinrich V.   König Heinrich V.   Premiere

FILMOGRAPHIE

1948 Der Engel mit der Posaune (Österreich)
1949 Eroica (Österreich)
1950 Wonder Kid — Entführung ins Glück (Großbritannien)
1951 Decision before Dawn — Entscheidung vor Morgengrauen (USA)
Un sourire dans la tempête — Ein Lächeln im Sturm (Frankreich)
Ruf aus dem Äther (Österreich)
Das gestohlene Jahr (BRD)
1955 Der letzte Akt (Österreich)
Spionage (Österreich)
Mozart — Reich mir die Hand, mein Leben (Österreich)
Lola Montès — Lola Montez (Frankreich — BRD)
1961 Jules et Jim — Jules und Jim (Frankreich)
1964 Ship of Fools — Das Narrenschiff (USA)
1965 The Spy who came in from the Cold — Der Spion, der aus der Kälte kam (Großbritannien)
1966 Fahrenheit 451 (Großbritannien)
1968 Interlude — Zwischenspiel (Großbritannien)
The Shoes of the Fisherman — In den Schuhen des Fischers (USA)
1976 Voyage of the Damned — Reise der Verdammten (USA)

1960 Ein gewisser Judas (Fernsehen BRD)
1974 Playback/Serie Columbo (Fernsehen USA)

PERSONENREGISTER

134

LITERATURVERZEICHNIS

Guido Aristarco, L'arte del Film, Roma 1950
Alfred Bauer, Deutscher Spielfilm-Almanach 1929—1950, München 1976
Burgtheater 1776—1976. Aufführungen und Besetzungen von zweihundert Jahren, 2 Bde., Wien o. J.
Erhard Buschbeck, Mimus Austriacus, Salzburg — Stuttgart 1962
Herta David, Raoul Aslans Direktionszeit am Burgtheater, Diss., Wien 1966
Margret Dietrich, Das moderne Drama, Stuttgart 1963
Ingfriede Dumser, Lothar Müthel und das Burgtheater, Diss., Wien 1959
Walter Fritz, Die österreichischen Spielfilme der Tonfilmzeit, Wien 1968
Walter Fritz, Kino in Österreich 1945—1983, Wien 1984
Ulrich Gregor (Hrsg.), Wie sie filmen, Gütersloh 1966
Ulrich Gregor — Enno Patalas, Geschichte des modernen Films, Gütersloh o. J.
Christa Haan, Werner Krauß und das Burgtheater, Diss., Wien 1970
Ernst Haeusserman, Das Wiener Burgtheater, Wien 1975
Josef Handl, Schauspieler des Burgtheaters, Wien — Frankfurt 1955
Fred Hennings, Heimat Burgtheater, 3 Bde., Wien — München 1972 f
International Film Annual, London 1957 f
Kurt Kahl, Die Wiener und ihr Burgtheater, Wien 1974
Kleines Lexikon des Österreichischen Films, in: Filmkunst Nr. 22—30/1959
Walter Pollak (Hrsg.), Tausend Jahre Österreich, Eine biographische Chronik, Wien — München 1973
Georges Sadoul, Geschichte der Filmkunst, Wien 1957
Friedrich Schreyvogl, Das Burgtheater, Wirklichkeit und Illusion, Wien 1965
Josef Schuchnig, G. W. Pabst und die Darstellung der neuen Sachlichkeit im Film, Diss., 2 Bde., Wien 1976
Jerzy Toeplitz, Hollywood and After, London 1974
Erik G. Wickenburg, Kleine Geschichte Österreichs, Frankfurt 1958

ABBILDUNGSNACHWEIS

Abbildung 1: Wobrazek. Die Vorlagen für die Abbildungen 2, 3, 4, 5, 6, 10, 11, 13, 15 stammen aus dem Bildarchiv der Österreichischen Nationalbibliothek, für die Abbildungen 12, 35 aus dem Historischen Museum der Stadt Wien. Die Vorlagen für die Abbildungen 24, 25, 26, 27, 28 wurden vom Archiv des Burgtheaters, die für die Abbildungen 16, 18, 20, 21, 22, 23, 29, 30, 33, 34 vom Archiv der Tageszeitung Kurier und die für die Abbildungen 17, 19 vom Österreichischen Filmarchiv zur Verfügung gestellt. Die Abbildungen 7, 8, 31, 32 sind freigegebene Verleihfotos, die Fotografie 14 stammt aus dem Keystone-Archiv Hamburg, die Fotografie 9 ist anonym. Textillustrationen auf Seite 39, 73 und 118 aus dem Archiv des Autors.